BULLETIN OFFICIEL
DU MINISTÈRE DE LA GUERRE.

ÉDITION MÉTHODIQUE.

MOUVEMENTS ET TRANSPORTS

RÈGLES MILITAIRES

RELATIVES A

L'EXÉCUTION DES TRANSPORTS

ACCESSOIRES — EXERCICES

Volume mis à jour au 26 juillet 1912.

PARIS
HENRI CHARLES-LAVAUZELLE
Éditeur militaire
10, Rue Danton, Boulevard Saint-Germain, 118
(MÊME MAISON A LIMOGES)
1912

BULLETIN OFFICIEL

DU MINISTÈRE DE LA GUERRE.

ÉDITION MÉTHODIQUE.

MOUVEMENTS ET TRANSPORTS

RÈGLES MILITAIRES

RELATIVES A

L'EXÉCUTION DES TRANSPORTS

ACCESSOIRES — EXERCICES

Volume mis à jour au 26 juillet 1912.

PARIS

Henri CHARLES-LAVAUZELLE

Éditeur militaire

10, Rue Danton (Boulevard Saint-Germain, 118)

(EN JUILLET 1914 : BOULEVARD SAINT-GERMAIN, 124)

(MÊME MAISON A LIMOGES)
"

BULLETIN OFFICIEL
DU MINISTÈRE DE LA GUERRE.

ÉDITION MÉTHODIQUE.

MOUVEMENTS ET TRANSPORTS

RÈGLES MILITAIRES
RELATIVES A
L'EXÉCUTION DES TRANSPORTS
ACCESSOIRES — EXERCICES

Instruction fixant les règles militaires relatives à l'exécution du transport par chemins de fer des troupes de toutes armes.

Paris, le 26 juillet 1912.

TABLE DES MATIÈRES

ANNEXES.

PLANCHES.

Préambule.

RAPPEL DE QUELQUES PRINCIPES.

L'organisation du service militaire des chemins de fer fait l'objet d'instructions spéciales.

Il a paru nécessaire de rappeler en tête de la présente instruction les principes suivants, qui sont extraits des instructions spéciales précitées et qui concernent particulièrement les autorités ayant à diriger des embarquements en chemin de fer ou des débarquements :

1° Sur chaque réseau, la préparation et l'exécution des transports stratégiques sont confiées à une « commission de réseau », composée d'un officier supérieur d'état-major membre militaire et d'un membre technique représentant l'administration de chemins de fer.

2° En temps de paix, toutes les fois que le Ministre en donne l'ordre, et à la mobilisation, il est constitué, dans chaque gare d'embarquement et de débarquement, une « commission de gare » comprenant un officier (1) membre militaire et le chef de gare membre technique.

Le commissaire militaire de gare est commandant d'armes dans sa gare. Il est l'intermédiaire obligé entre les autorités militaires de passage ou de service dans la gare et le personnel du chemin de fer.

Il est chargé spécialement de faire respecter les consignes militaires et techniques par toutes les troupes de passage : *les commandants de ces troupes, quel que soit leur grade, doivent lui prêter leur concours pour en assurer l'exécution.*

Quand il n'est pas constitué de commission de gare, le chef de gare, ou son suppléant, exerce à lui seul l'autorité dévolue à la commission de gare.

3° Les embarquements et débarquements de troupes et de matériel s'effectuent sur des quais (militaires ou commerciaux) ou sur des chantiers.

Les *quais* sont des terre-pleins établis le long d'une voie et dont le sol est à hauteur de la plate-forme des vagons et trucs: on embarque et on débarque les animaux et le matériel en reliant le quai aux vagons au moyen de pont volants.

---

(1) Ces officiers portent un bandeau blanc sur le turban de leur képi.

Les *chantiers* sont des emplacements à sol résistant situés le long d'une voie, à hauteur du rail, tels que les cours aux marchandises. Les chevaux et le matériel sont embarqués et débarqués à l'aide de rampes mobiles reliant le chantier à la plateforme des vagons et des trucs (1).

4° Les chefs d'unités de transport et les officiers de tout grade ne doivent point perdre de vue que, dans l'exécution des transports stratégiques, les exigences du service technique des chemins de fer priment toutes les autres considérations, et qu'en conséquence les délais assignés pour les embarquements ou débarquements ne peuvent jamais être dépassés.

Ainsi, si, pour une cause quelconque, une troupe n'avait point achevé son embarquement à l'heure fixée pour le départ du train, elle n'en devrait pas moins, dans le cas où la commission de gare le jugerait nécessaire, laisser le quai à l'unité suivante au moment fixé pour l'arrivée de celle-ci à la gare. Le départ de la première troupe pourrait être, alors, remis à une heure indéterminée, la commission de réseau pouvant être appelée à lui assigner un nouveau train. (Art. 13 du règlement sur les transports stratégiques.)

De même, si un débarquement n'était point achevé à l'heure normale, le commissaire militaire de la gare pourrait être dans l'obligation de faire dégager la voie du train en déchargement pour y placer le train suivant. Dans ce cas, le débarquement de la première troupe devrait être suspendu et il pourrait en résulter un retard de plusieurs heures pour sa reconstitution.

ARTICLE 1er. — **Envol à l'avance d'un officier à la gare de départ.**

En toute circonstance, et quelle que soit la troupe à embarquer, le chef de corps envoie à la gare la veille du départ (2) un officier pour donner au commissaire militaire de gare ou, à son défaut, au chef de gare, l'effectif exact de l'élément ou des éléments à embarquer (hommes, chevaux ou mulets, essieux fictifs de matériel, voitures) et pour recevoir communication :

1° Du point d'embarquement prévu (quai ou chantier);

2° De l'heure à partir de laquelle la reconnaissance du train pourra être faite;

3° De l'heure à laquelle l'embarquement commencera;

---

(1) En outre du matériel réglementaire, il pourra être fait usage d'accessoires spéciaux tels que les ponts roulants à bestiaux du réseau du Nord.

(2) Autant que possible, vingt-quatre heures au moins avant le départ.

4° De l'heure à laquelle l'embarquement devra être terminé (1);
5° Des consignes locales.

Cet officier reconnaît en outre les abords du ou des points d'embarquement ainsi que l'endroit situé, en principe, en dehors de la gare, où chacun des éléments pourra s'arrêter pour faire les préparatifs d'embarquement.

ART. 2. — Ordres à donner par le commandant de la troupe à embarquer.

D'après le rapport de l'officier envoyé la veille à la gare, le commandant de la troupe à embarquer donne les ordres concernant le départ.

Ces ordres visent spécialement :

1° Les mesures à prendre pour assurer la subsistance de la troupe au moyen de repas froids, en tenant compte de la durée du transport et des vivres de chemin de fer qui seront distribués avant le départ;

2° La tenue pour la route s'il n'y a pas lieu de prendre celle indiquée à l'article 6 ci-après;

3° La composition d'une garde de police spéciale placée, suivant les circonstances locales et l'effectif à embarquer, sous les ordres d'un officier ou d'un sous-officier;

4' Le transport à la gare des accessoires d'embarquement dont le corps est détenteur (plateaux en bois blanc, cordes-poitrail, bottillons, etc...), de la paille de litière, de l'avoine et du foin pour la route, des vivres de débarquement qui ne pourraient trouver place sur les voitures de l'unité. Ces derniers doivent être préalablement ensachés dans des sacs fournis par l'administration ou dans des sacs à distribution (2);

---

(1) Cette heure diffère de celle indiquée pour le départ du train quand des manœuvres de gare sont nécessaires pour reformer le train après l'embarquement.

(2) Lorsque, exceptionnellement, la troupe est accompagnée de bagages non chargés sur les voitures régimentaires, leur transport à la gare de départ, leur transbordement d'une gare à une autre, s'il y a lieu, et leur enlèvement à l'arrivée sont effectués sur un bon du sous-intendant, à défaut de voitures appartenant à l'administration militaire locale. A Paris, ce service est assuré, soit par le train des équipages, soit par l'entreprise civile qui le remplace au besoin.

S'il arrive que, faute de temps, ces dispositions ne puissent être observées, afin d'éviter que la troupe ne parte par la voie ferrée sans ses bagages, le transport desdits bagages de la caserne à la gare et d'une

5° Le nombre d'équipes nécessaires pour l'embarquement des voitures. La composition des équipes d'embarquement figure dans l'instruction relative aux exercices d'embarquement et de débarquement sur les chemins de fer.

ART. 3. — **Paille pour la litière et pour le chargement du matériel** (1)

Le corps doit se pourvoir à l'avance de la paille nécessaire :

1° Pour garnir de litière chaque vagon à chevaux ou mulets, à raison de 2 kgr. 500 par animal;

2° Pour faire des bottillons de chargement destinés à amortir le choc des roues sur le plancher des trucs. Ces bottillons, en nombre égal à celui des voitures augmenté d'un tiers, doivent être faits à l'avance par le corps; ils sont de forme cylindrique; ils ont 0^m,80 de long et sont reliés par trois liens. On compte 7 kgr. 500 de paille pour un bottillon; un bottillon de chargement doit avoir, dans ces conditions, 1^m,25 de tour environ;

3° Lorsqu'il est pourvu d'animaux de bât, pour couvrir d'une couche de paille les parties des vagons où sont engerbés les bâts, à raison de 2 kgr. 500 par vagon.

En outre, les unités d'artillerie qui attellent des canons de 75 doivent se pourvoir de la paille nécessaire pour faire des bottillons de flèche destinés à empêcher la volée de l'avant-train de frotter sur la flèche de l'affût et de dégrader la culasse (un par affût). Ces bottillons ont 0^m,80 de long et sont reliés par deux liens en fil de fer. Un kilogramme de paille est nécessaire pour la confection d'un bottillon de flèche, qui doit avoir, dans ces conditions, 0^m,30 de tour.

Pour tous les corps, la paille pour litière et bottillons est fournie, en sus de la ration des chevaux, par les magasins militaires.

---

gare à une autre peut être effectué par l'entreprise du camionnage des chemins de fer, sur un bon signé du chef de détachement, qui indique la nature et le poids des bagages.

La dépense accidentelle de ce transport est comprise dans les factures de transport de troupes établies par les Compagnies de chemins de fer.

L'embarquement et le débarquement de ces bagages sont effectués par les agents du chemin de fer, aidés, s'il est nécessaire, d'hommes de corvée fournis par le corps. Le chef de la troupe prend des mesures pour que ces bagages et les hommes de corvée soient rendus à la gare en temps utile, pour assurer l'embarquement. Il prend de même, à l'arrivée, les dispositions nécessaires pour que ces bagages l'accompagnent ou le rejoignent.

(1) Pour les exercices d'embarquement du temps de paix, les allocations de paille sont fixées par l'Instruction spéciale relative à ces exercices.

Le transport à la gare de cette paille est effectué au moyen de voitures militaires ou de voitures de réquisitions mises par le corps à la disposition de la troupe qui s'embarque.

Art. 4. — **Nourriture des chevaux et transport des fourrages à la gare. Avoine de débarquement.**

Le dernier repas des chevaux doit avoir lieu deux heures au moins avant l'embarquement.

La nourriture des chevaux pendant la route se compose, par vingt-quatre heures, de 5 kilogrammes de foin et de 2 kilogrammes d'avoine (1).

Il est emporté de l'avoine et du foin dits « de chemin de fer » en quantité proportionnée à la durée du trajet; le foin est préalablement botelé, s'il y a lieu, et l'avoine placée dans des sacs à avoine.

Ce foin et cette avoine sont transportés à la gare en principe par les moyens dont disposent les corps.

Lorsque le corps ne peut en assurer lui-même le transport, ils sont amenés à la gare :

1° En temps de paix, par les moyens dont dispose l'administration militaire;

2° En temps de guerre, par des voitures réquisitionnées.

Les sacs d'avoine sont conservés dans les vagons à chevaux. Il en est de même du foin nécessaire pour un repas. Le reste du foin est placé sur les trucs qui portent les voitures et, autant que possible, entre les roues de celles-ci (2).

L'avoine de débarquement est placée dans des sacs spéciaux fournis par l'administration et chargée, toutes les fois qu'il est possible, sur les voitures de l'unité.

---

(1) En temps de paix, si, dans la même journée, le trajet en chemin de fer est précédé ou suivi de parcours par voie de terre d'une longueur totale de 12 kilomètres au moins, la ration de route est allouée à l'exclusion de celle dite de chemin de fer. En temps de guerre, l'alimentation est assurée, le jour de l'arrivée, au moyen de l'avoine de débarquement.

(2) Pour les éléments de cavalerie qui ont à effectuer un très long parcours, on devra prévoir un vagon spécial destiné au transport des fourrages.

ART. 5. — **Accessoires pour l'embarquement et le débarquement du matériel et des chevaux. (Pl. I, II, III, IV, V, VI, VII et VIII.)**

Ces accessoires se classent en deux catégories :

1° Accessoires dont les corps doivent être pourvus dès le temps de paix, comprenant :

a) Les bottillons visés à l'article 3 (1);

b) Pour toutes les armes, sauf l'artillerie, des pitons à œil pour l'attache des fusils dans les vagons (1 par 4 fusils ou carabines) et les vrilles pour faciliter la pose des pitons (1 par 20 fusils).

Pour la cavalerie : 20 cordeaux par escadron pour maintenir les carabines dans les vagons. Ces cordeaux ont 1 mètre de longueur et $0^m,003$ de diamètre et sont surliés à chacune de leurs extrémités.

On en constitue vingt de plus dans les escadrons de cuirassiers pour maintenir les faisceaux de sabres;

c) Des cordes-poitrail à raison de 1 par 3 ou 4 chevaux (ou mulets), suivant que l'embarquement est prévu à raison de 6 ou 8 chevaux par vagon (2);

d) Des plateaux en bois blanc de $0^m,60$ de longueur, $0^m,30$ de largeur et $0^m,06$ d'épaisseur (3), à raison de :

Un par deux voitures pour l'infanterie et la cavalerie;
Un par voiture pour le train;
Un et demi par voiture pour l'artillerie;
20 par compagnie divisionnaire du génie avec son parc;
60 pour les parcs des sections d'aérostiers;
40 pour les autres unités de transport du génie (composant le chargement d'un train).

Ces plateaux sont destinés, pendant les opérations d'embarquement et de débarquement, à faciliter le franchissement des rebords fixes et des traverses saillantes des trucs par les roues des voitures.

---

(1) Quand l'unité à embarquer comprend des voitures très lourdes, on peut adjoindre aux bottillons des fascines qui se déforment moins facilement sous les fortes charges.

(2) Sont toujours prévus à raison de huit par vagon les chevaux de selle d'infanterie, les chevaux de la cavalerie légère et des dragons et les chevaux des batteries de 75.

(3) Les anciens plateaux de $0^m,50$ de longueur seront conservés avec leurs dimensions tant qu'ils pourront servir.

Pendant le transport, ils sont placés sous les roues des voitures dont le poids ferait fléchir le plancher du truc, ainsi que sous la bêche de crosse et les roues des canons;

e) Des jarretières, à raison de 1 par voiture à deux roues ou à quatre roues à trains non séparables et de 3 par voiture à quatre roues à trains séparables (canon, caisson, etc.), pour brêler les voitures entre elles (1);

f) Des leviers de manœuvre de siège (à raison de 2 par 10 voitures et fraction de 10 voitures), pour faciliter le maniement du matériel;

g) Des grandes cales de roues à section triangulaire (moitié environ du nombre des voitures) pour maintenir les voitures sur les plans inclinés et faciliter au besoin leur passage par-dessus les traverses saillantes des trucs;

h) Des manches de cales de 0ᵐ,80 de longueur, en même nombre que les cales;

i) Des bouts de madriers (pour les corps qui en sont pourvus);

j) Des accessoires spéciaux pour le matériel de siège;

k) Pour les batteries et sections de munitions de 75, de la ficelle de 2 millimètres de diamètre, à raison de 1ᵐ,20 environ par voiture.

Pour les sections de parc mixtes de campagne, même dotation pour le matériel de 75 seulement.

Tous ces accessoires sont transportés à la gare d'embarquement dans les conditions indiquées à l'article 3 pour la paille. Les pitons et les vrilles sont transportés par les sous-officiers et les caporaux ou brigadiers.

2° Accessoires fournis par les compagnies de chemins de fer :

Ponts volants, rampes mobiles (2) et poulies pour l'embarquement et le débarquement des chevaux et du matériel, cales en bois, pinces à pied-de-biche, marteaux, clous et prolonges pour aider à assujettir le chargement après l'embarquement du matériel ou pour le décaler avant le débarquement.

La description détaillée et les conditions d'approvisionnement

---

(1) Les commandes, longes, demi-longes que l'on trouve dans les voitures des parcs et équipages du génie peuvent, au besoin, être utilisées comme jarretière.

(2) En outre du matériel réglementaire, il pourra être fait usage d'accessoires spéciaux, tels que les ponts roulants à bestiaux du réseau du Nord.

des accessoires appartenant aux deux catégories ci-dessus (accessoires des corps et accessoires fournis par les compagnies de chemins de fer) ainsi que le mode d'emploi de certains d'entre eux sont l'objet d'une instruction spéciale qui fait suite au présent règlement.

Art. 6. — **Tenue et paquetage. — Vivres de chemins de fer et de débarquement.**

Tenue et paquetage.

En principe, les officiers et la troupe sont en tenue de campagne. On se conforme toutefois aux prescriptions suivantes :

a) *Hommes non montés.* — Dans l'infanterie, l'artillerie de montagne, l'artillerie à pied et le génie, la gamelle individuelle est placée sur le havresac de manière qu'on puisse l'enlever facilement. Le quart et la cuiller sont placés dans l'étui-musette.

Dans l'artillerie de campagne et le train, les hommes portent en sautoir la capote ou le manteau (1), ainsi que l'étui-musette contenant le quart, la cuiller et la gamelle.

b) *Hommes montés.* — *Dans la cavalerie,* le manteau est placé sur la selle et enlevé au moment de l'embarquement (1). Les hommes portent en sautoir l'étui-musette contenant la gamelle, la cuiller, la calotte, la musette-mangeoire et le surfaix; le seau en toile est attaché par-dessus l'étui-musette.

Dans les autres armes, les hommes montés portent en sautoir le manteau (1) et l'étui-musette contenant la gamelle, le quart et la cuiller.

Chaque homme monté doit être pourvu d'une étiquette en toile portant son nom et son numéro matricule. Cette étiquette est placée, dans le vagon, sur la selle appartenant à l'homme, afin de permettre à ce dernier de la retrouver facilement. Des étiquettes analogues sont confectionnées pour les bâts.

c) *Paquetage des chevaux.* — Les musettes-mangeoires des chevaux de selle (autres que ceux de la cavalerie) ou des che-

---

(1) Pendant les grandes chaleurs et si le parcours en chemin de fer doit s'effectuer entièrement de jour, le commandant de la troupe peut prescrire aux hommes de ne pas prendre sur eux les manteaux.

vaux d'un même attelage à la daumont sont fixées au troussequin de la selle; celles des attelages conduits en guides sont
fixées au-dessus du cou des chevaux de l'attelage; celles des animaux de bât sont fixées sur les bâts, à l'arrière; celles des chevaux de main ou des mulets sont fixées au surfaix de couverture.

Pour les chevaux attelés seuls, la musette-mangeoire est placée sur la sellette, maintenue par la courroie de derrière.

Les surfaix de couverture des chevaux de selle (autres que
ceux de la cavalerie) ou des chevaux d'un même attelage à la
daumont sont placés dans la sacoche gauche, au-dessus du
chargement, pour pouvoir être atteints facilement.

Vivres de chemins de fer et de débarquement.

Les vivres de chemin de fer (repas froids préparés au compte
de l'ordinaire, pain et viande de conserve) sont distribués aux
hommes et placés par eux de la manière suivante au départ de
la garnison : les repas froids dans la gamelle individuelle, le
pain et la viande de conserve dans l'étui-musette.

Si le voyage doit durer plusieurs jours, on pourra, après chargement des vivres de débarquement, utiliser la place qui resterait
disponible dans les voitures de l'unité pour y conserver une partie des vivres de chemin de fer.

Les vivres de débarquement sont transportés dans les voitures
de l'unité où il y a de la place disponible. Si la place fait défaut,
ils sont transportés jusqu'à la gare d'embarquement par des voitures de corvée ou par des voitures requises; il en est de même
depuis la gare de débarquement jusqu'au cantonnement. Pour le
trajet en chemin de fer, on les charge dans le fourgon de queue
du train s'ils n'ont pû être placés dans les voitures de l'unité.

*Dans aucun cas on ne les laisse à la disposition des hommes
avant le débarquement.*

Art. 7. — **Arrivée à la gare de l'officier chargé de la reconnaissance
du train.**

Le jour du départ, un officier de chaque élément à embarquer
est chargé de la reconnaissance du train.

Accompagné d'un sous-officier (1), il se rend à la gare deux

---

(1) Pour l'embarquement des éléments d'infanterie, l'officier chargé de
la reconnaissance peut être, en outre, accompagné de l'officier chargé des
équipes d'embarquement qui s'occupera spécialement de préparer la
répartition des voitures entre les trucs.

heures au moins avant l'heure fixée pour le départ de la troupe du quartier.

Il se présente, à son arrivée, au commissaire militaire ou, à son défaut, au chef de gare; il s'enquiert des modifications qui auraient pu être apportées aux heures auxquelles les hommes, chevaux et voitures doivent être rendus à la gare, ainsi que dans la répartition faite des quais ou chantiers affectés à l'embarquement. Il en rend compte immédiatement au commandant de la troupe.

ART. 8. — **Reconnaissance du train.**

L'officier désigné à l'article précédent, aidé du sous-officier adjoint, procède à la reconnaissance du train (1).

Il prend note de la contenance de chaque vagon et de chaque truc et les numérote dans l'ordre où ils sont placés à partir de la tête du train; se basant sur les renseignements donnés à l'article 11, il établit un état indiquant, dans l'ordre des numéros, l'affectation de chaque vagon et de chaque truc. Il fait remettre cet état, le plus tôt possible, au commandant de la troupe.

Au cours de sa reconnaissance, il s'assure :

1° Que, dans les vagons aménagés, les bancs sont bien placés suivant la contenance du vagon conformément aux prescriptions de l'article 11 et, en particulier, que, dans les vagons pour 44 hommes, il se trouve bien un banc supplémentaire contre l'un des petits côtés. Dans le cas où ce banc n'existerait pas, le vagon ne serait compté que pour 40 hommes;

2° Que les vagons aménagés destinés aux hommes et aux chevaux sont munis de lanternes et que celles-ci sont accrochées au côté des vagons opposé à celui par lequel doit se faire l'embarquement;

3° Que la composition du train en vagons plates-formes correspond bien aux besoins de l'unité à embarquer (voir art. 11);

4° Que les accessoires à fournir par les compagnies de chemin de fer (art. 5) sont en nombre suffisant et en bon état. Si ces accessoires ne sont pas au complet et bien placés, il en réfère au commissaire de gare et, à son défaut, au chef de gare.

---

(1) Il arrivera fréquemment que le train ne sera pas en place deux heures avant l'arrivée de la troupe; l'officier et son adjoint prendront néanmoins leurs dispositions pour que le commencement de l'embarquement ne soit pas retardé.

ART. 9. — **Devoirs du sous-officier adjoint à l'officier chargé de la reconnaissance du train.**

Le sous-officier adjoint numérote, au fur et à mesure, à la craie, chacun des vagons ou trucs, en suivant une série unique de numéros de la tête à la queue du train. Il inscrit, en même temps, en regard des numéros d'ordre, la contenance de chaque vagon ou la nature et le numéro des voitures susceptibles de constituer le chargement de chaque truc.

Ces inscriptions se font :

1° Pour les voitures à voyageurs, sur le grand marchepied entre les portières;

2° Pour les vagons à marchandises aménagés, sur le grand côté, à la place réservée à cet effet;

3° Pour les trucs, sur le grand côté.

En cas de pluie, ces inscriptions se font, en outre, sur la face extérieure du longeron qui se trouve sous le plancher du vagon.

ART. 10. — **Garde de police. — Drapeau. — Caisse du corps.**

La garde de police est composée en principe :

Pour un bataillon d'infanterie, de : 1 officier, 1 sergent, 1 caporal, 1 clairon et 15 soldats;

Pour un escadron, une batterie, une section de munitions ou une compagnie du génie, de : 1 maréchal des logis ou sergent, 1 brigadier ou caporal, 1 trompette ou clairon, 8 cavaliers, canonniers ou sapeurs.

Elle se rend à la gare en même temps que la troupe. Dès son arrivée, elle place, s'il y a lieu, les sentinelles nécessaires dans la gare d'après les indications du commissaire militaire.

Le garde de police, avec les hommes punis de cellule, est placée dans une vagon voisin de celui des officiers. Quand un officier la commande, il monte dans le vagon des officiers.

Le drapeau ou étendard et la caisse du corps sont embarqués soit dans le vagon du commandant de la troupe, soit dans celui des officiers sous la garde du porte-drapeau et de l'officier payeur.

Le transport de la caisse s'effectue sans responsabilité pour les compagnies de chemins de fer, mais sans donner lieu à la perception d'aucune taxe spéciale au profit de ces dernières.

Art. 11. — **Contenance et aménagement des vagons.**

I. — Pour le transport des hommes.

Les conditions du transport des hommes peuvent différer suivant que ces hommes sont équipés où non.

Sont considérés comme équipés :

Les hommes habillés en hommes non montés, lorsqu'ils sont pourvus du hâvresac ou, à défaut du hâvresac, du ceinturon garni des cartouchières;

Les cavaliers et hommes habillés en hommes montés, lorsqu'ils ont la cartouchière, l'étui de revolver ou la cuirasse.

Contenance des vagons.

Les hommes sont transportés, soit dans des voitures à voyageurs, soit dans des vagons à marchandises aménagés au moyen de bancs mobiles (*Pl.* IX et X), exceptionnellement dans des vagons à marchandises non aménagés.

Dans les voitures à voyageurs, les hommes, équipés ou non, occupent la totalité des places normales toutes les fois que les compartiments sont pourvus de filets ou de planches porte-bagages.

Lorsque les compartiments ne sont pas munis de ces installations, les hommes n'occupent que le nombre total de places diminué de deux, les deux places ainsi laissées libres dans chaque compartiment étant réservées pour le placement des effets et des armes.

Dans les vagons à marchandises aménagés, le nombre d'hommes à embarquer est indiqué sur un cartouche placé sur chaque vagon (*Pl.* XI).

Dans les vagons portant l'indication 32-40, le nombre 32 s'applique aux hommes équipés et le nombre 40 aux hommes non équipés.

Dans les vagons portant l'indication 36-40, le nombre 36 ne s'applique qu'aux troupes non montées pourvues du sac à cadre rigide ou du campement collectif et le nombre 40 à tous les autres cas.

Lorsqu'il n'y a qu'un nombre, il s'applique aux hommes de toutes armes équipés ou non.

Toutefois, dans tous les vagons aménagés, quels qu'ils soient, les cuirassiers équipés n'occupent que les 4/5 des places indiquées sur les cartouches.

En cas de mobilisation, les seules places attribuées aux gardes d'écurie sont celles qu'ils occupent dans les vagons à chevaux.

Par contre, en temps de paix, leurs places sont réservées dans les compartiments occupés par les hommes de leur unité.

Dans les vagons à marchandises non pourvus de bancs, le nombre d'hommes à embarquer est le nombre maximum indiqué sur le cartouche.

Si, par exception et en raison des circonstances, le total des places offertes était inférieur à celui des hommes à transporter, l'excédent de ces derniers serait réparti entre les vagons en sus de leur contenance réglementaire, et, au besoin, dans les fourgons de service.

Aménagement des vagons.

Les bancs mobiles destinés à l'aménagement des vagons se composent chacun de deux supports et de cinq planches semblables, dont quatre servent de siège et une de dossier.

En général, deux bancs sont nécessaires pour l'aménagement d'un vagon. Ces bancs peuvent être montés dans les vagons suivant deux dispositifs-types, savoir :

Dispositif a. — Les deux supports étant dressés à environ 1ᵐ,60 l'un de l'autre, les cinq planches dépassent chacun d'eux d'une égale quantité de chaque côté.

Dispositif b. — Les deux suppors étant dressés à environ deux mètres l'un de l'autre, les extrémités des planches de siège du milieu et du dossier affleurent presque le support placé vers le petit côté du vagon et les extrémités des deux autres planches de siège affleurent le support voisin des portes du vagon.

Dans ces conditions, l'aménagement des différents vagons sera le suivant :

Vagons avec cartouche $\boxed{\text{32-40}}$ — (Vagons de longueur intérieure de 5ᵐ,80 à 5ᵐ,93.)

Dispositif (a), les extrémités des planches de chaque banc touchant le petit côté correspondant (*pl.* XII).

Vagons avec cartouches $\boxed{\text{36-40}}$ (longueur intérieure de 5ᵐ,94 à 6ᵐ,43) et vagons avec cartouche $\boxed{\text{40}}$ (longueur intérieure de 6ᵐ,44 à 7ᵐ,40).

Dispositif (*b*) dans les deux cas, mais, dans les vagons avec cartouches 36-40, les extrémités des planches appuyées aux grands côtés touchent le petit côté correspondant, tandis que dans les vagons avec cartouche 40 ces mêmes extrémités sont à 0^m,20 du petit côté (*Pl. XIII et XIV*).

Vagons avec cartouche 44 (longueur intérieure comprise entre 7^m,40 et 7^m,90) aménagés au moyen de deux bancs complets et d'une planche de banc supplémentaire placée contre l'un des petits côtés.

Dispositif (*a*) pour chacun des bancs complets, la distance entre les extrémités des planches du banc et le petit côté correspondant étant de 0^m,90 dans la partie du vagon où se trouve le banc supplémentaire et de 0^m,60 dans l'autre partie (*Pl. XV*).

Vagons avec cartouche 50 (longueur intérieure comprise entre 7^m,91 et 9 mètres) aménagés au moyen de deux bancs complets et d'un demi-banc supplémentaire (deux planches et un dossier reposant sur deux supports de banc complet) placé dans le prolongement de l'un des demi-bancs de milieu.

Dispositif (*a*), les extrémités des planches de siège des deux bancs complets se trouvant à 0^m,20 ou 0^m,25 du petit côté correspondant (*Pl. XVI*).

Nota. — Les vagons de longueur intérieure supérieure à 9 mètres peuvent recevoir 60 hommes équipés. Leur aménagement fait l'objet de décisions spéciales du Ministre prises sur la proposition de la commission de réseau intéressée.

II. — Pour le transport des chevaux. (*Pl. XVII*, fig. 1.)

En temps de paix, on place dans chaque vagon huit chevaux ou mulets de selle, de bât ou de trait (six seulement quand il s'agit de chevaux de cuirassiers, de gendarmes ou d'artillerie lourde).

En temps de guerre, cette règle ne peut être aussi générale par suite de la corpulence des chevaux de réquisition qui varie suivant les formations et les régions. Le nombre de chevaux ou mulets à embarquer par vagon est indiqué, dans ce cas, sur l'ordre de transport.

Le chargement de chaque vagon est, autant que possible, exclusivement composé soit de chevaux, soit de mulets.

A moins d'ordre formel de l'autorité supérieure, on enlève toujours, pour les voyages en chemin de fer, les selles et les sellettes d'attelages à la Daumont, ainsi que les bâts des chevaux ou des mulets. Les chevaux et les mulets d'attelage conservent toujours leurs harnais.

Les selles, les sellettes et les bâts sont rangés dans les vagons où se trouvent les animaux auxquels ils appartiennent.

Toutefois, les bâts avec cacolets appartenant aux ambulances sont placés dans le fourgon de queue du train; ceux qui ne trouveraient pas place dans ce fourgon seraient placés à raison de quatre seulement par vagon dans les vagons contenant les animaux.

III. — Pour le transport des voitures.

Au moyen d'une commune mesure dite « essieu fictif », qui n'est autre que l'avant-train du canon de 75 — timon enlevé — (la plus petite de toutes les voitures), on a déterminé expérimentalement la contenance de chaque espèce de truc et l'encombrement de chaque type de voiture militaire.

Ces évaluations figurent sous la forme $\boxed{\text{N. Ef.}}$ dans un cartouche apposé sur les grands côtés des trucs et sur les voitures. Elles ont été établies d'une manière assez large pour que toutes les combinaisons de chargement des voitures entre elles soient réalisables, sous la réserve que le nombre total d'essieux fictifs représenté par les voitures à embarquer sur un truc déterminé ne dépasse pas le nombre d'essieux fictifs indiquant la capacité de ce truc.

Exemple : un truc porte le cartouche $\boxed{\text{6 Ef}}$, on peut y charger soit deux voitures marquées chacune 3 Ef, soit trois voitures de 2 Ef, soit quatre voitures de 1,5 Ef, soit six voitures évaluées 1 Ef.

Il en résulte que la composition du train en vagons plates-formes donnera toujours comme contenance totale des trucs en essieux fictifs un chiffre supérieur ou au moins égal au nombre total d'essieux fictifs représenté par l'ensemble des voitures de l'unité à embarquer.

Toutefois, pour les unités de transport qui comprennent une grande proportion de voitures à quatre roues à trains non démontables ou uniquement des voitures de réquisition, la composition du train en vagons plates-formes est fixée par le service militaire des chemins de fer en tenant compte de la composition particulière de chaque élément de transport en grandes voitures non démontables (1).

Quel que soit, d'ailleurs, le nombre de trucs entrant dans la composition du train, l'unité à embarquer doit, *tout en respectant les règles d'embarquement*, utiliser au mieux le matériel offert afin d'éviter un allongement inutile du train.

Les trucs non chargés pourront être retirés si le service des chemins de fer le juge opportun.

Par mesure de prudence, les trucs portant des fourrages doivent être bâchés autant que possible et éloignés des extrémités du train.

De même, les trucs portant les caissons à poudre du génie doivent être, chaque fois qu'il est possible, séparés de la machine, de la queue du train et des vagons d'hommes par trois vagons ne comportant pas de chargement d'explosifs ou de fourrages

ART. 12. — **Placement des armes et des effets dans les vagons.**

I. — VAGONS TRANSPORTANT DES HOMMES.

a) *Voitures à voyageurs.* — Dans les voitures pourvues de filets ou de planches porte-bagages, ces installations sont utilisées pour le placement des fusils, carabines ou mousquetons (2); les havresacs, les cuirasses (par piles de deux) et les sabres sont déposés sous les banquettes; les manteaux sont placés soit dans les filets, soit sous les banquettes. Les sacs peuvent également être placés dans les couloirs des voitures qui en comportent lorsque ces voitures présentent une portière en regard de chaque compartiment.

Dans les voitures non pourvues de filets ou de planches porte-bagages, les armes et les sacs sont placés comme il est indiqué à la planche XVII (fig. 2).

Pour les corps pourvus d'un approvisionnement de pitons (art. 5 b), les fusils, carabines ou mousquetons sont assujettis de la façon suivante : le chef de compartiment place son arme

---

(1) Les règles de fractionnement sont détaillées à l'article 15 ci-après.

(2) Il est bon, pour faciliter le placement des fusils, d'en ouvrir la culasse. En outre, si la planche porte-bagages ne présente pas de rebord saillant, les fusils doivent être arrimés au moyen d'une courroie.

verticalement contre la paroi du petit côté du compartiment, la
bretelle en avant, la crosse posant sur une des banquettes; il
visse un piton dans la paroi du vagon, la tige touchant la mon-
ture de son arme et à 5 centimètres environ au-dessous de l'em-
bouchoir. Les autres hommes passent successivement leurs fusils qui sont placés côte à côte dans la position qui vient d'être
indiquée. Les armes étant ainsi placées, le chef de compartiment visse un deuxième piton contre le dernier fusil et passe
une courroie de sac ou un cordeau dans les pitons, de manière à embrasser toutes les armes en les serrant fortement les
unes contre les autres.

Dans les corps non pourvus d'un approvisionnement de pitons (artillerie), les mousquetons sont déposés sous les banquettes ainsi que les sabres.

b) *Vagons à marchandises aménagés.* — Dans les vagons à
marchandises aménagés au moyen de bancs mobiles, les armes
sont placées comme il est indiqué aux planches XII, XIII, XIV,
XV et XVI et assujetties au moyen de pitons et de courroies
de sac ou de cordeaux pour les corps pourvus de ces accessoires, dans des conditions analogues à celles qui sont indiquées
ci-dessus pour les voitures à voyageurs.

Les cuirasses sont placées sous les bancs, et les sabres soit
sous les bancs, soit en faisceau dans les coins du vagon, re-
tenus par un cordeau qui les embrasse au-dessous de la poignée. Dans l'artillerie, les mousquetons et les sabres sont rangés à plat sous les bancs ou au-dessus des paquetages.

Les sacs des hommes assis au milieu du vagon ou sur le
banc supplémentaire adossé au petit côté sont rangés, autant
que possible, sous les bancs. Les sacs qui n'y pourraient trouver
place, ainsi que ceux des hommes assis le long des grands
côtés, sont déposés dans les espaces laissés libres, conformément aux indications des planches.

c) *Vagons à marchandises non aménagés.* — Dans les vagons
à marchandises non pourvus de bancs, les sacs, débarrassés du
campement et des vivres, sont disposés à plat sur le sol du
vagon, savoir : la moitié contre les grands côtés, l'autre moitié
sur deux files, le long de la ligne médiane. Les hommes s'as-
soient sur leur sac ou, à défaut, sur leur manteau.

Les armes sont arrimées par groupes de dix contre les petits
côtés du vagon et assujetties, autant que possible, au moyen de
pitons et de courroies ou cordeaux, le pain et le campement

sont placés entre les groupes d'armes, les vivres dans les musettes.

Dans l'artillerie, les armes sont couchées à terre, le long des petits côtés du vagon.

Nota. — Dans tous les cas, pour les cavaliers armés de la lance, les lances de chaque peloton sont réunies en un faisceau étiqueté au numéro du peloton et lié, en son milieu, au-dessus et au-dessous des lanières, par une corde à fourrage. Les faisceaux de lances sont placés dans le fourgon de service le plus rapproché des plates-formes portant les voitures de l'escadron, à côté les uns des autres, contre la paroi de droite du fourgon, les pointes des lances fichées dans un des bottillons ayant servi à l'embarquement des voitures.

II. — Vagons a chevaux.

Les selles sont placées dans l'intervalle libre du milieu du vagon, sur une ou deux rangées accolées, debout sur le pommeau, le siège tourné vers la porte opposée à l'entrée, encastrées les unes dans les autres et serrées le plus possible contre cette porte (*Pl.* XVIII). Les sellettes des attelages à la Daumont sont disposées au-dessus des selles.

Les bâts, préalablement débarrassés de leur chargement, sont déposés sur une couche de paille, sur deux rangées accolées, contre la paroi du vagon opposée à la porte; on les superpose deux à deux, la matelassure en dessous, les arcades perpendiculaires à la voie, celle sur laquelle est fixée la musette-mangeoire placée vers les animaux les plus voisins; les couples de bâts sont rapprochés, autant que possible, les uns des autres.

Si le vagon contient à la fois des chevaux de selle et des animaux de bât, on place les selles sur les bâts.

L'avoine et le foin sont placés devant les deux rangées de selles. Les gardes d'écurie placent les musettes-mangeoires dans les sacs à avoine.

Les gardes d'écurie remettent leurs armes et leurs sacs (ainsi que les coiffures pour la cavalerie) à la fraction de leur unité à laquelle ils appartiennent.

Art. 13. — **Durées maxima d'embarquement. — Arrivée de la troupe à la gare.**

Les durées d'embarquement (y compris le temps nécessaire au prolongeage et au calage des voitures) qui ne doivent, *en aucune circonstance*, être dépassées, pour chaque train à charger, sont les suivantes :

NATURE DES ÉLÉMENTS.	DURÉE MAXIMA D'EMBARQUEMENT		OBSERVATIONS.
	à quai.	avec rampes mobiles.	
Infanterie et cavalerie	1 h. 1/2	1 h. 1/2	
Quartiers généraux, ambulances. hôpitaux, batteries de 75 et de 65, compagnie du génie et son parc, section d'aérostiers de campagne et son parc..................	2 h.	2 h. 1/2	
Compagnie de parc du génie de corps d'armée. sections de munitions, convois, boulangeries de campagne, équipages de pont...	2 h. 1/2	3 h.	
Parc du génie d'armée..........	3 h.	3 h. 1/2	
Artillerie lourde et sections de parc de toute nature (1)........	3 h.	3 h. 1/2	

(1) Tant que les sections de munitions de 155 C T R et les sections de parc disposeront de chariots de parc au lieu de caissons de munitions, les durées d'embarquement seront majorées d'une heure.

L'heure de l'arrivée de la troupe (hommes, chevaux et voitures) au point désigné pour l'embarquement est fixée en tenant compte de la durée maxima d'embarquement accordée à cette troupe ainsi que du temps nécessaire aux manœuvres de gare avant le départ du train (voir art. 1er).

ART. 14. — Formation de la troupe. Dispositions générales pour l'embarquement des unités des différentes armes.

a) *Infanterie.* — La troupe est arrêtée en dehors de la gare sur l'emplacement choisi pour opérer le fractionnement et formée, autant que possible, en ligne déployée.

Le commandant fait diriger les chevaux et les voitures sur le point où doit s'effectuer leur embarquement; ils sont conduits par un officier et un sous-officier (1) et accompagnés des équipes d'embarquement et des ordonnances des officiers montés.

Le commandant fait rentrer dans le rang de l'unité à laquelle ils appartiennent tous les gradés et hommes en serre-files ou

(1) Autant que possible, l'officier d'approvisionnement et le vaguemestre ou, à leur défaut, l'officier chargé de l'instruction des équipes d'embarquement du bataillon et le sous-officier qui compte dans ces équipes.

détachés et fait réserver au premier rang de leur escouade les places des hommes employés à l'embarquement des chevaux et des voitures (1).

L'officier qui a fait la reconnaissance du train procède ensuite au fractionnement comme il est dit article 15 ci-après.

Cette opération terminée, la troupe est portée en colonne par quatre vis-à-vis du train. Chaque fraction marche à deux pas de celle qui la précède, est arrêtée par son chef devant le vagon qu'elle doit occuper et y fait face. Le chef de vagon fait serrer les files de manière à ne pas dépasser la longueur de son vagon.

L'embarquement des chevaux et des voitures s'effectue en même temps. Dès leur arrivée au point où doit s'effectuer leur embarquement, les voitures sont dételées après que les conducteurs en ont enlevé leurs armes, et tous les chevaux sont placés sur un rang.

L'officier d'approvisionnement ou, à son défaut, l'officier chargé des équipes d'embarquement opère le fractionnement des chevaux et des voitures, puis donne l'ordre d'embarquer. Il surveille et dirige cette opération. Lorsque l'embarquement des chevaux est terminé, les conducteurs et les ordonnances des officiers montés sont répartis comme gardes d'écurie dans les vagons de chevaux à raison de deux hommes par vagon. Ces gardes d'écurie remettent leurs armes et leurs sacs à la fraction de leur compagnie à laquelle ils appartiennent.

Après achèvement de l'embarquement des voitures, les équipes d'embarquement reprennent leur équipement et leurs armes et rejoignent leur compagnie.

Sections de mitrailleuses. — Les chevaux sont embarqués à raison de six par vagon, les bâts, préalablement débarrassés de leur chargement, sont placés dans les vagons des chevaux comme il a été dit à l'article 12. Une voiture à voyageurs ou un vagon aménagé, placé autant que possible à proximité des premiers vagons à chevaux dans lesquels sont embarqués les animaux de la section, est réservé pour les hommes de chaque section qui gardent avec eux leurs armes, leur équipement et leur matériel (pièces, affûts et caisses de munitions). Dans les voitures à voyageurs, les pièces et les affûts sont placés sous les banquettes, les caisses à munitions sur les extrémités des

---

(1) Ainsi que celles des gardes d'écurie pour les transports du temps de paix.

bancs. Dans les vagons aménagés, les pièces et affûts sont placés sous les bancs, les caisses à munitions dans les parties inoccupées du vagon.

b) *Cavalerie.* — La troupe est arrêtée, soit dans la gare, soit de préférence à proximité, et formée, selon la disposition des lieux, de manière à éviter tout encombrement.

Le commandant de la troupe la forme en bataille sur un rang, chaque cavalier du second rang se plaçant à la gauche de son chef de file. Les officiers, les sous-officiers serre-files, les trompettes et les chevaux haut-le-pied entrent dans le rang.

D'après l'état établi par l'officier chargé de la reconnaissance du train, le commandant de la troupe opère le fractionnement des chevaux en tenant compte des chevaux d'attelage qui viendront se placer à la gauche dès que les voitures auront été dételées.

Cette opération terminée, les groupes de chevaux sont conduits (s'ils n'y sont déjà) vis-à-vis des vagons qu'ils doivent occuper. Tout le monde met pied à terre.

En même temps que le fractionnement des chevaux, le commandant de la troupe effectue celui du matériel; il répartit les voitures entre les trucs et désigne les équipes chargées de leur embarquement. Chaque équipe est commandée par un sous-officier assisté, s'il y a lieu, d'un brigadier et est chargée de l'embarquement des voitures sur un nombre déterminé de trucs. Un officier ou le vaguemestre est désigné pour diriger l'embarquement du matériel. Dès que les voitures ont été amenées devant les trucs où elles doivent être embarquées, les chevaux sont dételés et conduits à la gauche des chevaux de selle.

Lorsque l'embarquement du matériel et des chevaux est terminé, le commandant de la troupe fait reprendre les armes et les effets. Il réunit sa troupe devant les voitures qu'elle doit occuper et en opère le fractionnement après avoir fait rentrer les gradés dans le rang. Les places des gardes d'écurie sont réservées dans leur unité, mais pour les transports du temps de paix seulement.

Chaque fraction est ensuite massée devant le vagon qu'elle doit occuper et y fait face en ayant soin de ne pas dépasser la longueur de ce vagon.

c) *Artillerie et génie.* — La troupe est arrêtée, soit dans la gare, soit de préférence à proximité, de manière à éviter tout encombrement.

Le commandant de la troupe, d'après l'état établi par l'officier chargé de la reconnaissance du train, arrête définitivement le chargement de chaque truc et répartit les trucs entre les équipes chargées de l'embarquement du matériel. Il détermine, en conséquence, dans quel ordre les voitures pénétreront sur le quai de la gare et devant quels trucs elles devront s'arrêter.

En principe, dans le but de gagner du temps, l'embarquement des voitures et celui des chevaux s'effectuent simultanément (1).

Les chevaux de devant et du milieu sont dételés et réunis avec les chevaux de selle sur le quai ou chantier d'embarquement vis-à-vis des vagons qu'ils doivent occuper.

Les voitures sont amenées par les chevaux de derrière dans l'ordre indiqué par le commandant et rangées sur le quai ou le chantier à hauteur des trucs qui doivent les recevoir. Les chevaux de derrière sont dételés le plus tôt possible et conduits à leur place dans le rang.

Les conducteurs en guides qui sont armés du mousqueton emportent avec eux leur arme qui ne doit jamais rester sur la voiture.

Lorsque l'unité comprend des animaux bâtés ou attelés, ceux-ci sont amenés sur le quai ou le chantier, dans l'ordre voulu, et rangés à hauteur des vagons qui doivent recevoir le matériel correspondant. Ils sont ensuite déchargés ou dételés, puis conduits devant les vagons qu'ils doivent occuper.

Lorsque tous les chevaux ou mulets sont réunis sur un rang et par pièce, le lieutenant chargé de leur embarquement en opère le fractionnement. Chaque fraction est ensuite massée devant le vagon qu'elle doit occuper et tout le monde met pied à terre.

---

(1) Toutefois, l'embarquement des voitures peut être exécuté après celui des chevaux :

1° Dans les batteries à cheval;

2° Exceptionnellement, dans les autres unités, quand la gare ne dispose pas de l'espace ou du nombre d'accessoires suffisants pour que les deux opérations puissent avoir lieu simultanément;

3° Lorsqu'il est nécessaire de faire concourir les conducteurs à l'embarquement des voitures, le nombre des servants étant insuffisant pour effectuer l'opération assez rapidement.

Lorsque l'effectif en hommes de l'unité à embarquer est peu élevé par rapport au nombre des chevaux et voitures (sections de munitions et de parc), des corvées sont fournies pour aider à l'embarquement, soit par les autres fractions du corps, soit par d'autres corps de la garnison.

L'embarquement des voitures est dirigé par les lieutenants qui ne sont pas occupés à l'embarquement des chevaux. Le commandant de la troupe ayant constitué à l'avance ses équipes d'embarquement, chacune d'elles, commandée par un sous-officier, est chargée de l'embarquement des voitures sur un nombre déterminé de trucs.

Dès que l'embarquement du matériel et des chevaux est terminé, le commandant de la troupe fait reprendre les armes et les effets. Il réunit sa troupe devant les voitures qu'elle doit occuper et en opère le fractionnement après avoir fait rentrer tous les gradés dans le rang et réservé au premier rang (pour les transports du temps de paix seulement) les places des gardes d'écurie. Chaque fraction est ensuite massée devant le vagon qu'elle doit occuper et y fait face en ayant soin de ne pas dépasser la longueur du vagon.

d) *Train des équipages militaires.* — Lorsqu'un train transporte un élément (fraction de convoi administratif, boulangerie, etc...) formé de troupes du train des équipages et de troupes d'administration, les troupes embarquées sont considérées comme constituant deux détachements distincts : l'un de troupes de campagne (train des équipages), l'autre de troupes des services particuliers (ouvriers d'administration). Chacun de ces détachements est sous le commandement de son chef direct; mais les ordres de transport sont remis au chef de la troupe de campagne (quel que soit son grade, officier ou sous-officier); ce dernier doit en donner communication au chef de la troupe du service particulier.

L'embarquement des chevaux et celui du matériel sont effectués sous les ordres du chef de la troupe de campagne en appliquant, d'une manière générale, les dispositions prévues pour les unités de l'artillerie et du génie.

A cet effet, le chef de la troupe du service particulier met à la disposition du chef de la troupe de campagne tous les officiers, sous-officiers et hommes de la troupe du service particulier qui sont d'un grade égal ou inférieur à celui du chef de la troupe de campagne.

La troupe est fractionnée de manière que les chevaux soient embarqués par les conducteurs du train des équipages militaires et que cet embarquement soit terminé le plus tôt possible.

Tous les autres hommes du détachement, y compris les ordonnances, infirmiers, ouvriers d'administration, télégraphis tes, etc..., concourent à l'embarquement des voitures. Dès que l'embarquement des chevaux est terminé, tous les conducteurs, à l'exception des gardes d'écurie, sont aussi employés à l'embarquement du matériel (1).

Art. 15. — **Règles de fractionnement. Hommes. Chevaux. Voitures.**

a) *Hommes.* — L'officier chargé du fractionnement de la troupe la divise en groupes correspondant à la contenance des vagons sans distinction d'unité. Il dénomme chaque groupe : 1er, 2e, 3e vagon, suivant sa position dans l'ordre en ligne.

Les sous-officiers et les caporaux ou brigadiers sont répartis de manière à assurer partout l'ordre et la discipline.

Dans chaque groupe, un sous-officier, caporal ou brigadier est désigné comme chef de vagon; il désigne à son tour les chefs de compartiment quand il y a lieu.

Les sapeurs d'infanterie et les musiciens conservent leur place à la droite de la ligne et doivent occuper les premières voitures.

b) *Chevaux.* — Les chevaux ou mulets étant tous sur un rang, l'officier chargé du fractionnement les divise en groupes comprenant le nombre d'animaux à embarquer dans chaque vagon. Il dénomme chaque groupe : 1er, 2e, 3e vagon, d'après la place qu'il doit occuper dans la rame de vagons destinés aux chevaux et désigne le sous-officier, caporal ou brigadier qui doit en diriger l'embarquement.

c) *Voitures.* — *1° Cas où la nature des voitures de l'unité permet des groupements correspondant à la capacité de chaque truc en essieux fictifs.*

Les voitures sont groupées par vagon de telle sorte que la somme des essieux fictifs de chaque groupe soit au plus égale à la contenance en essieux fictifs du truc sur lequel le groupe doit être chargé.

Toutefois, tout en utilisant au mieux le matériel offert, il est avantageux pour le bon ordre dans l'embarquement et le débar-

---

(1) Lorsque l'effectif en hommes de l'unité à embarquer est peu élevé par rapport au nombre des chevaux et voitures (quartiers généraux, ambulances, convois, boulangeries, etc.), des corvées sont fournies pour aider à l'embarquement, soit par les autres fractions du corps, soit par d'autres corps de la garnison.

quement d'effectuer les groupements de voitures en tenant compte autant que possible de la constitution normale de l'unité.

2° Cas où la nature des voitures de l'unité ne permet pas normalement de les grouper pour utiliser la capacité totale des trucs en essieux fictifs (1).

Les voitures sont embarquées, soit à raison d'une voiture par truc, soit à raison de deux ou plusieurs voitures par truc pour les trucs dont la capacité en essieux fictifs correspond à un nombre entier de voitures.

ART. 16. — **Embarquement des hommes.**

L'embarquement des hommes commence à la sonnerie de : « En avant » (2).

A ce signal, les hommes enlèvent leur sac et le posent à terre devant eux; le chef de vagon ou de compartiment (pour les voitures à voyageurs) et deux hommes par travée de vagon aménagé ou par compartiment de voiture à voyageurs montent dans le vagon après s'être débarrassés de leur arme et de leur sac qu'ils confient à un de leurs voisins (3).

Les armes et les sacs sont ensuite passés successivement à ces hommes et placés par eux comme il est indiqué à l'article 12.

Cette opération terminée, les hommes montent en vagon sur l'ordre du chef de vagon et se placent, pour les vagons aménagés, à proximité de l'endroit où ont été arrimés leur sac ou leurs armes, aux places qui leur sont assignées par le chef de vagon.

Chaque chef de vagon s'assure que les hommes sont en mesure d'ouvrir, de l'intérieur, l'organe de fermeture de la porte du vagon (*Pl.* XI).

ART. 17. — **Mesures préparatoires à l'embarquement des chevaux.**

Les chevaux ou mulets étant placés en face des vagons qu'ils doivent occuper et tout le monde ayant mis pied à terre, l'officier

---

(1) Quartiers généraux, sections de munitions d'artillerie lourde et sections de parc de toute nature, compagnies de parc du génie et d'équipage de pont, grands parcs du génie, unités aéronautiques, boulangeries, hôpitaux, convois.

(2) Il est formellement interdit aux militaires de se servir du sifflet ou du cornet dans les gares.

(3) Les vélocipédistes conduisent leur machine dans le fourgon de queue du train.

Dans l'infanterie, les musiciens, sous la conduite de leur chef, vont y déposer également les gros instruments.

qui dirige l'embarquement fait disposer les armes en faisceaux
assez loin en arrière de la croupe des animaux. Les sacs, manteaux, objets d'équipement, casques, cuirasses, lances ainsi que
les tuniques ou capotes, s'il y a lieu, sont déposés en ordre à
côté des faisceaux.

On fait ensuite desseller les chevaux de selle et les porteurs,
débâter les animaux de bât et enlever les sellettes des sous-verges
des attelages à la Daumont. Pour ces opérations, les hommes
voisins s'entr'aident, chacun tenant à son tour plusieurs animaux.

La longe, s'il y a lieu, est fixée au licol ou au collier d'attache.

Les hommes déposent à terre, en arrière du rang, les selles,
les bâts, les sellettes et les bissacs qui ne seront chargés dans
les vagons qu'après l'embarquement des animaux.

Les selles sont posées à terre, debout sur le pommeau, les
étriers relevés, la sangle, le poitrail, s'il y a lieu, et, pour les
chevaux de selle, la couverture, sont ramenés sur le siège et
maintenus par le surfaix de couverture auquel on fait faire un
tour ou deux, dans le sens de la longueur de la selle, pour bien
serrer le tout (1).

Les bâts sont posés à terre sur le bout des arcades; les courroies de chargement, le poitrail, l'avaloire, la croupière et les
autres parties du harnachement sont relevés et repliés sur le bât,
puis fixés à l'aide des courroies de surcharge. La couverture,
pliée en huit, est ensuite posée sur le bât, les grands côtés parallèles aux arcades et maintenue au moyen du surfaix auquel on
fait faire un tour ou deux dans le sens de la longueur.

Les sellettes ou les bissacs sont en général posés à cheval sur
le troussequin des selles des porteurs.

Les harnais sont laissés aux chevaux d'attelage, ainsi que la
couverture lorsque ceux-ci en sont porteurs. Ils sont fixés ainsi
qu'il est dit ci-après, de manière à ne pouvoir blesser les chevaux et à éviter toute dégradation du harnachement.

Les chevaux et mulets restent bridés jusqu'à ce que le train soit
en marche et les animaux calmés.

Manière de fixer les harnais.

1° *Porteurs et sous-verges à la Daumont.* — La couverture
étant en place sur le dos du cheval, prendre le surfaix de couverture et l'engager successivement, en passant sous le ventre du

---

(1) *Dans la cavalerie*, les musettes-mangeoires sont placées sur les
troussequins des selles et maintenues par le surfaix.

cheval, dans le porte-trait de gauche, puis dans celui de droite; laisser chaque fois à l'extérieur le trait et, le cas échéant, la plate-longe. Amener la boucle du surfaix sur le milieu du dos du cheval; engager dans cette boucle le contre-sanglon de croupière et l'y maintenir en mettant l'ardillon dans l'un des trous du contre-sanglon. Boucler le surfaix pour maintenir la couverture sur le dos du cheval.

Pour les chevaux munis d'une avaloire, dégager alors le contre-sanglon de bras du haut d'avaloire de la boucle du contre-sanglon de croupière et porter le bras du haut en avant de la chape de courroie trousse-traits.

Fixer ensuite les traits des chevaux. A cet effet, après avoir dégagé les traits des boucleteaux porte-traits d'avaloire, s'il y a lieu, réunir sur la croupe du cheval les deux extrémités des traits en cuir et engager la courroie trousse-traits dans les deux mâles de touret. Achever de replier et de fixer les rallonges de trait.

2° *Chevaux conduits en guides.* — Fixer simplement les traits comme il est dit au dernier alinéa de la rédaction précédente.

Cas exceptionnel où les chevaux doivent voyager sellés.

Quand, par exception, l'ordre est donné de faire voyager les chevaux sellés, tout le harnachement est laissé en place; les chevaux restent sanglés; les étriers sont remontés jusqu'à la mortaise et maintenus dans cette position en passant l'étrivière doublée entre l'étrier et la selle; les traits sont fixés dans toutes les armes comme il est dit ci-dessus pour les chevaux conduits en guides.

Art. 18. — **Embarquement des chevaux.**

On charge simultanément autant de vagons à chevaux que le permettent le nombre d'équipes d'embarquement et d'accessoires (rampes ou ponts volants) affectés à cette opération.

Dès que les mesures préparatoires à l'embarquement sont prises, le sous-officier ou brigadier, désigné pour chaque vagon y fait répandre la litière (et, s'il est possible, un peu de gravier) en ayant soin qu'elle s'étende sur le pont volant ou la rampe; il fait fermer la porte et les fenêtres du vagon du côté opposé au quai. Il faut qu'il y ait toujours un homme de chaque côté du pont volant ou de la rampe pour empêcher les chevaux de se traverser et de mettre les pieds dans le vide.

Au signal donné par le gradé qui dirige l'embarquement,

l'homme qui tient le premier cheval ou mulet à embarquer (en principe celui de droite de chaque groupe) assisté, s'il y a lieu, d'un ou plusieurs autres hommes, se porte franchement vers l'entrée du vagon dans lequel il introduit son cheval en lui faisant baisser la tête pour franchir la porte. Il tourne à droite et range son cheval par un reculer contre la paroi longitudinale du côté de l'entrée, la tête tournée vers le milieu du vagon. L'homme suivant introduit son cheval de la même manière et le place à côté du précédent (1).

En principe, les chevaux d'un même attelage sont voisins dans le vagon et conservent l'un par rapport à l'autre les places respectives qu'ils occupent étant attelés. L'ordre d'introduction des chevaux de l'attelage est à observer en conséquence.

Dès que le rang des chevaux est complet, deux hommes tendent la corde-poitrail, en la faisant passer plusieurs fois repliée dans les anneaux qui sont fixés au montant des portes du vagon, de manière à la faire passer devant les chevaux et à barrer en même temps la porte du côté opposé à l'entrée; ils attachent leurs chevaux par la longe, le plus court possible, sans les débrider (2) aux anneaux du plafond, sortent du vagon et vont chercher leurs selles.

On procède de la même manière pour le rang opposé. La deuxième corde-poitrail, passée devant les chevaux, barre en même temps la porte d'entrée.

Les selles, les sellettes et les bâts sont placés comme il est dit à l'article 12.

On place deux gardes d'écurie dans chaque vagon à chevaux.

Les officiers s'assurent que les gardes d'écurie sont en mesure d'ouvrir, de l'intérieur, l'organe de fermeture de la porte du vagon (*Pl.* XI).

---

(1) On doit toujours embarquer d'abord les chevaux les plus dociles. Quand un cheval résiste, on fait avancer le suivant, et le premier est entraîné vivement à la suite, ou bien on lui couvre la tête et on l'amène au vagon, après lui avoir fait faire un tour sur lui-même. Un des moyens les plus sûrs de faire entrer un cheval récalcitrant consiste à le faire pousser par deux hommes qui le saisissent vivement sous la croupe, en se tenant la main.

Pour les chevaux qui ruent, on fait usage d'une sangle ou de deux sangles réunies bout à bout.

(2) Les hommes doivent éviter d'engager la longe dans les rênes, afin que l'on puisse enlever la bride sans détacher la longe.

ART. 19. — **Embarquement du matériel.**

PRINCIPES GÉNÉRAUX.

Les accessoires nécessaires au chargement des voitures sont déposés à proximité des trucs. Les équipes d'embarquement sont réunies auprès des trucs; les hommes forment les faisceaux, déposent les sacs et l'équipement ainsi que les capotes, vestes ou tuniques, s'il y a lieu. Ils enlèvent des voitures les lanternes et fanions.

On charge simultanément autant de trucs que le permet le nombre des équipes constituées ou celui des accessoires d'embarquement. Les rampes, ponts volants, cales, leviers sont également répartis entre les équipes.

Lorsque l'embarquement se fait par le grand côté, les voitures sont toujours amenées du quai ou du chantier sur les trucs le timon ou la flèche en arrière. Elles peuvent être tournées le timon ou la flèche en avant pour les déplacements sur le plancher des trucs, pour le passage d'un truc à un autre par-dessus les petits côtés et même, lorsque l'embarquement se fait par le petit côté, pour l'introduction sur les trucs.

Les servantes doivent être relevées et fixées (1).

Conditions essentielles d'un bon chargement.

1° Répartir autant que possible le poids sur la surface du truc, de manière à ne pas fatiguer inégalement les ressorts;

2° Faire en sorte qu'aucune partie du chargement ne dépasse les faux tampons ou, tout au moins, que les chargements de deux vagons consécutifs ne puissent en aucun cas s'entrechoquer;

3° Consolider, caler, brêler et amarrer avec soin les parties du chargement qui en sont susceptibles, de manière à les rendre toutes parfaitement solidaires entre elles et à en assurer la complète stabilité;

4° Clouer sur le plancher du truc les plateaux placés sous certaines voitures; clouer de même les cales de roues sur le plancher ou sur les plateaux. Employer chaque fois deux clous de façon que le plateau ou la cale ne puisse pivoter.

---

(1) La servante des avant-trains de canon ou de caisson de 75 est attachée à la volée, du côté du piton, au moyen d'une ficelle; on n'utilise pas, pour ces voitures, la chaînette placée du côté opposé au piton.

Divers modes de chargement.

Le chargement peut s'effectuer soit à quai, soit sur chantiers, à l'aide de rampes. Dans chacun de ces deux cas, il peut s'exécuter *soit directement*, soit en employant un truc *auxiliaire*.

La méthode du truc auxiliaire qui consiste à faire passer une voiture d'un truc vide sur un truc voisin est avantageuse pour commencer, compléter ou faciliter le chargement d'un truc destiné à recevoir plusieurs voitures. Elle est d'une mise en œuvre facile et très rapide si les petits côtés des deux trucs voisins peuvent se rabattre et si les trucs sont à fond plat. Dans les chargements sur chantiers, elle évite de déplacer les rampes pour le chargement de chacun des trucs.

Généralement, les voitures sont chargées par le *grand côté* du truc. Exceptionnellement, si les dispositions locales le permettent et si la composition du train à charger ne s'y oppose pas, on peut effectuer le chargement par le *petit côté*.

DISPOSITIONS COMMUNES A TOUS LES MODES D'EMBARQUEMENT.

Le chef d'équipe répartit dès le début le travail entre ses hommes, de manière que chacun connaisse bien la tâche qui lui incombe.

En principe, un ou deux hommes s'appliquent à chaque roue (aux roues de l'arrière-train dans le cas d'une voiture à quatre roues), un ou deux hommes tiennent le timon ou la flèche et dirigent le mouvement de la voiture; deux hommes, munis d'une cale à manche, sont chargés de caler les roues (celles de l'arrière-train dans le cas d'une voiture à quatre roues).

Les autres hommes se portent, sur l'ordre du chef d'équipe, aux points où leur aide est momentanément utile; en particulier, ils placent les ponts volants et les bottillons, disposent lorsqu'il y a lieu des plateaux en bois blanc pour faciliter le franchissement des traverses ou des rebords des trucs, s'appliquent aux leviers, etc. Le chef d'équipe se place au point le plus favorable pour diriger les mouvements et commander la manœuvre.

Lorsque la volée d'un avant-train doit reposer sur le plancher du truc ou sur la flèche d'un arrière-train, les ressorts de traction sont attachés deux à deux avec une ficelle qui les maintient appliqués contre la volée.

Les paquetages qui sont normalement transportés par les voitures sont en principe laissés sur ces voitures.

Toutefois, s'il le juge utile, le commandant de l'unité peut faire emporter dans les vagons tout ou partie de ces paquetages.

Les chargements portés par les fourragères de certaines voitures sont enlevés avant l'embarquement; les fourragères sont repliées contre les voitures; pour le transport, les chargements ainsi enlevés sont en général déposés sur les trucs, sous les voitures.

La capote des chariots-fournils est déboutonnée et placée dans le fournil ou sur le plancher du vagon; les arceaux sont complètement rabattus vers l'avant. Pour éviter leur ballottement pendant les transports en chemin de fer, les arceaux sont réunis par deux ligatures faites au moyen de simple ficelle entre-croisée et placées à environ 30 centimètres de l'axe de l'arceau d'avant.

Pour passer librement sous le gabarit des chemins de fer, on ne doit placer sur l'impériale des chariots-fournils que vingt caisses pliantes disposées en quatre piles de chacune trois caisses et deux piles de quatre (1).

Pour embarquer une voiture à quatre roues lourdement chargée, il est en général avantageux de décharger au préalable une partie des objets qu'elle contient. Ceux-ci sont rechargés sur la voiture lorsqu'elle est à sa place sur le truc; on peut aussi déposer les objets enlevés à même sur le plancher du truc, lorsqu'il ne peut en résulter d'inconvénient, et ne les replacer sur la voiture qu'après son débarquement.

Il y a souvent intérêt à décharger, avant l'embarquement, les roues de rechange qui font partie du chargement de certaines voitures; pour le transport, elles sont déposées sur le plancher des trucs.

Lorsque des voitures à deux roues renferment un chargement en vrac, pour que celui-ci ne puisse se déplacer pendant le transport et compromettre l'équilibre de la voiture, il convient de le brêler solidement ou de le déposer sur le plancher du truc, sous la voiture ou autour d'elle.

---

(1) Les deux collections de 110 panetons (huit piles de 27 ou 28 panetons chacune) qui prennent habituellement place également sur l'impériale de ce véhicule, sont mises dans le fournil pendant le transport en chemin de fer et disposées de la façon suivante :

Deux piles en long sur chaque coffre à droite et à gauche;
Deux piles en travers sur le coffre du fond;
Une pile par terre sous le coffre de droite;
Trois piles debout dans le passage central.

PROCÉDÉS DE MANŒUVRES.

Lorsque le mouvement d'une voiture le long d'un plan incliné ne peut être obtenu sous l'effort des hommes appliqués à la voiture, il est inutile de mettre plus de deux hommes à chaque roue; ils se gêneraient les uns les autres.

Pour une voiture à deux roues, ou une demi-voiture à trains séparables, faire monter sur la rampe alternativement l'une et l'autre roue en arrêtant chaque fois le mouvement lorsque la roue immobile menace de se décaler; les hommes disponibles font effort sur la volée ou la flèche dans le sens convenable pour favoriser le mouvement.

Pour une voiture à quatre roues à trains non séparables, faire tourner chaque roue de l'arrière-train dans le sens voulu à l'aide d'un levier embarré sous une partie fixe de la voiture (brancard, main de ressort, etc.), avec lequel on fait effort de haut en bas sur un rais de la roue contre la jante. Éviter tout effort de bas en haut qui pourrait faire tourner la roue sans faire progresser la voiture (1).

Pour amener une voiture à quatre roues à sa place définitive, il peut être nécessaire de riper l'un ou l'autre de ses trains.

Si la voiture n'est point trop lourde, appliquer deux hommes à chacune des roues à déplacer; le dos à la roue, ces hommes soulèvent la voiture au commandement du chef d'équipe en faisant effort sur les rais les plus horizontaux et en même temps poussent latéralement dans le sens voulu.

Si la voiture est *très lourdement chargée*, fixer une corde aux rais inférieurs des deux roues à déplacer, contre les jantes, les deux brins libres tendus parallèlement à l'essieu du côté où il faut entraîner les roues.

---

(1) Enfin, si ces procédés ne suffisent pas, faire usage de pans de roue organisés avec les cordes dont dispose l'unité, simultanément aux deux roues de la voiture ou de l'arrière-train si la voiture est à quatre roues. Pour faire un pan de roue, fixer le cordage par un bout au rais le plus bas de la roue, en embrassant la jante et ramener le brin libre en dessus en l'appliquant sur le cercle de la roue dans la direction que doit prendre la voiture. Agir directement sur chaque cordage en proportionnant le nombre des hommes au poids de la voiture. Lorsque le point d'attache d'un des cordages arrive au point le plus élevé de la roue, caler les roues de la voiture, détacher les cordes et les attacher de nouveau au rais le plus bas, puis reprendre la manœuvre comme précédemment. Veiller à ce que la traction s'effectue toujours régulièrement et sans à-coup, à ce que le cordage reste appliqué sur le milieu du cercle et à ce que l'effort soit toujours dirigé dans le plan de la roue.

Soulever légèrement l'essieu à l'aide d'un cric, si l'on dispose de celui-ci; sinon, soulever les roues avec des leviers en les portant du côté voulu en même temps que les hommes disponibles font effort sur les cordes.

Pour caler une roue avec une cale à manche, appliquer contre cette roue le petit côté de la cale et sur le plan incliné ou sur le plancher du truc la plus grande face.

DÉTAILS D'EXÉCUTION.

A) Chargement direct d'un truc par le grand côté.

a) A quai :

Relier le truc au quai par des ponts volants (deux à quatre, suivant l'écartement des essieux); placer le bord gauche du premier à 0ᵐ,50 environ du côté gauche (1) du truc; disposer les bottillons nécessaires pour amortir le choc des roues sur le plancher, lorsque les côtés du truc ne se rabattent pas; placer la voiture en face du truc, son axe dans le prolongement de celui du groupe de ponts volants, le timon du côté opposé au truc.

Embarquement d'une voiture à quatre roues. — Faire reculer la voiture sur les ponts volants et l'introduire sur le truc. Si elle est à tournant complet, faire tourner l'arrière-train à droite au moment où les roues d'arrière reposent sur le plancher; continuer à reculer pour engager l'avant-train et pousser la voiture vers l'extrémité de droite de la plate-forme.

Si la voiture à quatre roues est à tournant limité, la pousser sur le truc en commençant le mouvement de tourner; riper à bras l'arrière-train quand sa roue droite arrive à environ 0ᵐ,40 du côté extérieur et terminer comme ci-dessus. Dans le cas où le chargement ne comprend qu'une voiture à quatre roues, la ramener vers le milieu du truc en vue de la répartition de la charge sur le plancher du vagon. Enlever le timon de la voiture et le placer au-dessous d'elle sur le plancher.

Embarquement de deux voitures à quatre roues à trains non démontables, les avant-trains juxtaposés dans la largeur du

---

(1) Les termes de droite et gauche désignent la droite et la gauche du chef d'équipe placé sur le quai, face au truc à charger.

Le grand côté intérieur d'un truc est celui contre lequel sont appuyés les ponts volants ou la rampe mobile; le grand côté extérieur lui est opposé.

Iruc (Pl. XXI). — Il peut être nécessaire, pour le chargement sur certains trucs de deux voitures à quatre roues à trains non démontables de juxtaposer leurs avant-trains dans la largeur du truc (1).

Ces voitures doivent être placées de façon que les manivelles des vis de frein ne soient pas en contact; elles doivent donc se trouver vers les grands côtés du truc et non à l'intérieur.

Introduire d'abord la voiture qui doit se trouver contre le grand côté extérieur (2) en procédant comme il vient d'être prescrit pour l'embarquement d'une voiture à quatre roues. Ranger cette voiture contre le bord extérieur du truc en la poussant le plus à droite possible. Enlever le timon et tourner l'avant-train pour en diriger l'essieu suivant l'axe de la voiture, la volée du côté extérieur.

Introduire la deuxième voiture en faisant tourner l'arrière-train à gauche et, si possible, en commençant ce mouvement sur les ponts volants. Lorsque l'avant-train arrive sur le plancher du truc, déplacer l'arrière-train à bras pour le ranger contre le bord intérieur, puis, en restant contre ce bord du vagon, avancer le plus près possible de l'autre voiture. Enlever alors le timon et faire pivoter l'avant-train pour en diriger l'essieu, suivant l'axe de la voiture, la volée du côté du quai.

Faire ensuite avancer les deux voitures, s'il est nécessaire, en soulevant à bras leur avant-train, pour les amener à leur place définitive.

Si les timons de rechange sont en contact, les enlever et les placer sur le plancher du truc, avec les timons des voitures.

Amarrer les avant-trains l'un à l'autre.

Embarquement d'une voiture à quatre roues avec une voiture à deux roues à limonières. — Introduire d'abord la voiture à quatre roues, comme il a été dit, mais la maintenir aussi rapprochée que possible du grand côté extérieur du truc.

Amener ensuite la voiture à deux roues et la pousser sur le

---

(1) Ces dispositions s'appliquent notamment aux vagons à 6 E *f* de la Compagnie P.-L.-M. (série L P) et de la Compagnie d'Orléans (séries H *x* et H *f x*).

(2) Il est nécessaire de commencer le chargement par la voiture qui doit se trouver contre le grand côté extérieur, pour permettre aux hommes, qui auront à mouvoir transversalement la deuxième voiture, de s'installer, pour cette manœuvre de force, d'une part sur la plate-forme du truc, et, d'autre part, sur le quai lui-même.

truc, les limonières en arrière; la faire tourner à gauche, en reculant, et l'amener contre le grand côté intérieur du truc.

Poser les limonières à terre et les engager sous la voiture à quatre roues.

S'il y a lieu, déplacer les deux voitures pour les amener à leur place définitive.

Embarquement d'une voiture à quatre roues avec une demi-voiture à trains séparables. — Introduire d'abord la voiture à quatre roues, comme il a été dit, en la maintenant dans l'axe du truc.

Amener ensuite la demi-voiture et la pousser sur le truc, le timon ou la flèche en arrière; la faire tourner à gauche, en reculant, et l'amener dans l'axe du truc.

Poser le timon ou la flèche à terre et l'engager sous la voiture à quatre roues.

S'il y a lieu, déplacer les deux voitures, pour les amener en file à leur place définitive.

Embarquement d'une série de voitures à deux roues ou de demi-voitures à trains séparables. — Introduire successivement chaque voiture sur le truc, le timon, la flèche ou les limonières en arrière. Lorsque les roues reposent sur le plancher, orienter la voiture dans la direction qu'elle doit occuper définitivement et la pousser le plus à droite possible en l'engerbant convenablement avec les voitures déjà introduites.

Les voitures sont, en principe, placées en file dans l'axe du vagon; toutefois, on peut disposer deux voitures à limonières dans la largeur du truc en les tournant en sens contraire.

Les timons des avant-trains sont retirés s'il est nécessaire (1); dans ce cas, la volée est posée à terre en évitant de la mettre en contact avec les bords du truc.

Lorsque le timon est laissé en place, il repose sur le plancher du truc, sur l'essieu d'une autre voiture entre son coffre et l'une de ses roues, ou sur le coffre de la voiture voisine; dans ces deux derniers cas, le timon est attaché par des jarretières au coffre ou à la roue de la voiture sur laquelle il repose.

Les flèches des arrière-trains sont posées à terre, mais la lunette seule doit porter sur le plancher du truc; enlever, s'il y a lieu, les timons de rechange et placer au besoin un plateau

____

(1) Le timon d'un avant-train ne doit jamais être enlevé que lorsque la voiture est en place sur le truc, sans quoi, lorsque les coffres sont chargés, on s'exposerait à un basculement très dangereux.

sous la lunette pour écarter les ferrures de la flèche du plancher du truc.

Lorsque les voitures ont été introduites sur le truc, on les répartit sur la longueur du vagon, en vue de la bonne répartition de la charge.

Dispositions spéciales au matériel d'artillerie de 75. — En principe, l'arrière-train de caisson, séparé de son avant-train, est basculé après le chargement. La flèche est toujours rabattue sur le plancher du truc, sans quoi, dans les tamponnements, elle pourrait entraîner le basculement du caisson; veiller à ce qu'elle ne vienne pas buter contre la voiture voisine et, s'il est nécessaire, enlever le seau placé sur la flèche.

Lorsque deux arrière-trains de caissons sont voisins, croiser les flèches en veillant à ce qu'elles ne se touchent pas et les brêler l'une à l'autre avec une jarretière, après interposition d'un bouchon de paille.

Les avant-trains de canon ou de caisson, une fois chargés sur le truc, sont toujours séparés de leur timon. La volée est en général posée sur le plancher du truc en évitant de la mettre en contact avec les bords du vagon. Pour éviter que la volée de l'avant-train ne repose sur leplancher par le piton de servante, on place un bottillon sous cette volée et vers son milieu.

Toutefois, lorsqu'un avant-train se trouve à côté de la flèche d'un canon, il est placé à cheval sur cette flèche, la volée du côté de la culasse, sans l'amener, toutefois, trop près de celle-ci. On interpose alors entre le dessous des cases d'armons et la flèche un bottillon de paille et l'on relie la volée de l'avant-train à la flèche de l'affût par une jarretière.

Le soc de la bêche de chaque canon est placé sur un plateau en bois blanc cloué sur le plancher du truc. La culasse repose toujours sur son coussin.

Il y a en général intérêt, pour diminuer l'encombrement, à engager la volée du canon au-dessus d'un avant-train par l'arrière de ce dernier. Il faut alors enlever la galerie porte-sacs de l'avant-train, que l'on dépose sur le plancher du truc, rabattre le dossier mobile en avant et nouer ses lanières pour qu'elles ne se perdent pas. Le jeu entre la volée de la pièce et le dessus du coffre de l'avant-train étant très faible, il importe d'amener le canon à sa place avec précaution, pour qu'il n'y ait pas choc des galets de la bouche et de la volée elle-même sur le coffre. En tout cas, arrêter le mouvement à temps pour que la volée du canon ne puisse entrer au contact de l'avant-train.

b) *Sur chantier à l'aide de rampes :*

Pour le chargement à l'aide de rampes, on se sert toujours des poulies qui accompagnent ces rampes et des cordes à chevaux portées par les voitures à embarquer. On peut aussi se servir des prolonges des compagnies de chemins de fer, à condition qu'elles soient en bon état et suffisamment résistantes.

Pour utiliser la poulie, on peut opérer de la manière suivante (1) :

On fixe solidement une corde à chevaux par une de ses extrémités à un des essieux du vagon, du côté opposé à la rampe, et on la rabat transversalement sur le plancher du truc. A cette première corde, on en fixe une deuxième, de manière que le nœud qui les réunit se trouve vers le milieu du truc quand la corde est tendue. L'extrémité de cette deuxième corde est engagée dans la gorge de la poulie et les hommes disponibles s'y appliquent pour faire monter la voiture sur la rampe (2).

Le crochet de la poulie vient s'engager dans un cordage fixé à la voiture à charger dans les conditions suivantes (3) :

1° *Avant-train.* — Réunir par un nœud les deux bouts d'une jarretière, la replier en quatre et la passer dans le crochet-support de flèche; engager le bec du crochet de la poulie dans les ganses ainsi formées.

2° *Arrière-train de caisson* (4). — Même disposition que ci-dessus, la jarretière pliée en quatre passant dans le crochet arrière-train de caisson.

3° *Arrière-train de canon de 75* (4). — Préparer deux cordages identiques, formés chacun à l'aide de deux jarretières nouées bout à bout. Juxtaposer ces deux cordages. Poser l'une des extrémités du cordage double sur la volée, en avant du guidon, en

---

(1) Cette manière de faire n'est donnée qu'à titre d'indication; toute initiative est laissée aux officiers chargés de l'embarquement.

(2) Avec les cordes à chevaux de 8 mètres, il est nécessaire d'allonger le cordage à l'aide d'une troisième corde qui ne traverse pas la poulie.

(3) Dans le cas où l'on ne dispose pas de poulie, on utilise la corde à chevaux, seule, en la fixant directement aux cordages fixés à la voiture comme il est dit d'autre part, et les hommes disponibles s'appliquent au brin libre.

(4) Lorsqu'un arrière-train doit être chargé sur le même truc que son avant-train, il est généralement avantageux de réunir les deux trains pour les monter sur la rampe.

laissant pendre à droite (1) un bout libre d'environ un mètre; faire passer l'autre extrémité successivement sur la sus-bande de gauche, entre le flasque gauche et la plaque porte-support d'appareil de pointage, et sous le couvre-essieu de gauche en allant de l'avant vers l'arrière; la ramener sur le canon en passant entre la sphère du mécanisme de pointage en direction et l'arc-boutant de bouclier; puis l'engager sous le couvre-essieu de droite d'arrière en avant et la ramener sur le canon par-dessus la sus-bande de droite. Croiser les deux bouts libres du cordage double au-dessus du canon, en avant du guidon, en les égalisant, puis les réunir par un nœud au-dessous du frein. Engager le bec du crochet de la poulie dans le cordage, sous le frein.

4° *Voitures de service.* — La jarretière, pliée en quatre, est passée autour de l'essieu de la demi-voiture ou de l'arrière-train de la voiture, et le bec du crochet de la poulie s'engage dans les ganses formées par ce cordage.

Relier le truc au sol par des ponts volants ou une rampe mobile; disposer les bottillons nécessaires pour faciliter l'accès sur la rampe, s'il y a lieu, et amortir le choc des roues sur le plancher lorsque les côtés du truc ne se rabattent pas; placer la voiture en face du truc, son axe dans le prolongement de celui de la rampe mobile, le timon du côté opposé au truc. Faire reculer la voiture sur la rampe et l'introduire sur le truc en évitant de la faire passer sur les crochets des longrines en fer. Procéder ensuite comme dans le chargement à quai.

Quelle que soit la voiture chargée, deux hommes, munis de cales à manches, suivent le mouvement des roues de la voiture en se tenant de chaque côté et en dehors de la rampe. Ils calent les roues toutes les fois que les hommes qui manœuvrent la voiture ont besoin de se reprendre.

B) Chargement à l'aide l'un truc auxiliaire.

S'assurer tout d'abord que le train est attelé bien serré et que les freins des trucs à charger ont été serrés; si ces trucs ne sont pas munis de freins, on doit serrer les freins des vagons voisins.

L'exécution de ces précautions incombe aux agents des chemins de fer.

----

(1) Droite, gauche, avant et arrière s'entendent par rapport au canon supposé en batterie et séparé de son avant-train.

Le chargement s'effectuant par le grand côté, le truc de char·gement est supposé à droite et le truc auxiliaire à gauche :

1° Abattre, s'il est possible, les petits côtés voisins des deux trucs, les relier par des ponts volants jointifs (un à trois suivant la dimension des ponts volants) (1). Si les petits côtés sont fixes, disposer des bottillons pour en faciliter le franchissement. Relier le truc auxiliaire au quai au moyen de ponts volants, ou au chantier au moyen d'une rampe mobile.

2° Le truc à charger étant encore vide, ou ayant déjà reçu directement un certain nombre de voitures immédiatement engerbées à leur place définitive, introduire sur le truc auxiliaire, le timon ou la flèche en arrière, la première voiture à faire passer sur le truc en chargement.

En entrant sur le truc auxiliaire, la tourner dans la direction qu'elle doit avoir définitivement (2), puis la conduire, par les ponts volants qui relient les vagons, à la place qu'elle doit occuper.

3° Opérer de même successivement pour toutes les voitures à charger.

C) Chargement par le petit côté.

Lorsque, exceptionnellement, les dispositions de la gare permettent d'aborder avec les voitures l'extrémité d'un groupe de vagons à charger, on procède au chargement en appliquant les ponts volants ou la rampe au petit côté du truc extrême qui joue ainsi pour tout le groupe le rôle de truc auxiliaire (3).

Ce procédé de chargement comporte une grande rapidité d'exécution, surtout quand on ne dispose que de trucs à fond plat et dont les petits côtés peuvent se rabattre. Mais les exigences du service technique obligent souvent à en restreindre l'application.

Nota. — Les planches XIX à XXXI indiquent, à titre d'exemple, un certain nombre de types de chargement sur des trucs de différentes capacités.

---

(1) Lorsque les petits côtés des trucs ne se rabattent pas, il faut avoir soin de placer l'excédent de longueur des ponts volants réunissant les trucs du côté où vont les voitures et non du côté d'où elles viennent; on dispose les bottillons pour amortir les chocs. Si on en a la possibilité, on brêle les ponts volants aux faux-tampons pour les rendre plus stables.

(2) Il est avantageux, pour la facilité de la manœuvre, de toujours tourner le timon des voitures à quatre roues vers le truc à charger.

(3) Dans ce cas, les longrines de la rampe doivent être placées entre les tampons et contre eux.

ART. 20. — Dispositions spéciales au chargement de certaines voitures.

Le chargement de certaines voitures du génie ou du train des équipages (caissons à mélinite, voitures des sections d'aérostiers, voitures des équipages de pont, fours roulants des boulangeries de campagne), ainsi que le chargement de l'artillerie lourde, des sections de parc, de l'artillerie de montagne et des voitures automobiles font l'objet d'annexes au présent règlement.

Les dispositions relatives au chargement du matériel de siège font l'objet d'un règlement particulier.

ART. 21. — Brêlage, calage et prolongeage.

Brêlage. — Lorsque deux voitures voisines sont en contact, soit par leurs roues, soit par toute autre partie, elles doivent être brêlées au moyen de jarretières toutes les fois que cela est possible. Dans tous les cas, il est utile d'interposer entre elles un bouchon de paille. Le brêlage est fait par les soins de la troupe à embarquer.

Calage. — Dès qu'un truc a reçu tout son chargement, les roues sont calées par les agents du chemin de fer (1).

Prolongeage. — Ces mêmes agents, aidés par les équipes d'embarquement, fixent entre elles les roues des diverses voitures au moyen de cordages embrassant les jantes et amarrés aux anneaux du truc, de façon que tous les éléments se trouvent solidement reliés entre eux et avec le truc. Cette opération, qui s'appelle prolonger, est faite au moyen des prolonges fournies par les Compagnies de chemins de fer. Elle est exécutée, pour chaque truc, dès que le chargement ainsi que le brêlage sont terminés.

---

(1) Pour les voitures à deux roues ou celles dont les trains sont séparés, il est placé trois cales par roue : une à l'avant, une à l'arrière et une sur le côté extérieur.

Pour les voitures à quatre roues dont les trains restent réunis, il est placé deux cales par roue : une à l'avant (ou à l'arrière) et une sur le côté extérieur si les essieux sont parallèles; mais si les trains sont placés à angle droit, il est nécessaire de conserver trois cales par roue.

Les cales sont fixées par deux pointes au moins, soit sur les plateaux en bois blanc, soit sur le plancher des vagons. Elles doivent toujours reposer sur leur plus grande face, le petit côté de l'angle droit placé contre la roue.

Art. 22. — **Mesures à prendre avant le départ du train.**

L'embarquement terminé, le sous-officier adjoint à l'officier chargé de la reconnaissance du train écrit à la craie sur les vagons, à côté du numéro d'ordre, et pour les voitures à voyageurs, sur le grand marchepied, l'indication de la fraction qui l'occupe.

Les mêmes indications sont mises sur les vagons à chevaux.

Toutes les inscriptions sont reproduites de l'autre côté des véhicules; elles servent à faire retrouver les places aux stations où les hommes peuvent descendre.

Il est bon, en outre, de recommander aux hommes de retenir le numéro d'ordre peint sur leur vagon et sur celui dans lequel se trouvent leurs chevaux.

Il est interdit aux militaires de fermer eux-mêmes les portes ou portières, ce soin incombant exclusivement au personnel des chemins de fer.

Il est prescrit aux hommes de desserrer les lacets de leurs brodequins afin d'éviter les gonflements de la jambe. Dans tous les cas, le pantalon ne doit jamais rester engagé dans les chaussures.

Le commandant de la troupe, accompagné du commissaire militaire, du chef de gare et du chef de train, passe une inspection rapide du train avant de monter lui-même en vagon.

Il s'assure en particulier que tous les chargements sont solidement assujettis et que les bottillons et les accessoires appartenant à la troupe, qui doivent être utilisés pour le débarquement, sont placés sur les trucs.

Art. 23. — **Mesures de police et de sécurité.**

Il est interdit :

1° De passer la tête ou les bras hors des portes, portières et volets d'aération;

2° De procéder, pendant la marche, à l'ouverture des portes, portières et volets d'aération ou à la fermeture desdits volets;

3° De passer d'une voiture dans une autre;

4° De pousser des cris et de chanter;

5° De descendre des voitures, aux stations, avant les sonneries qui doivent en donner le signal;

6° De fumer dans les vagons à chevaux;

7° De fumer dans les voitures des hommes au cas où, par les grands froids, il y aurait de la paille sur le plancher;

8° De jeter hors des vagons des objets quelconques et notamment des bouteilles pouvant blesser les agents en service sur la voie.

Les chefs de vagon sont responsables de l'observation de ces prescriptions.

ART. 24. — **Haltes et stations.**

Le commandant de la troupe se fait renseigner à l'avance par le chef de train sur les conditions générales du transport.

Il fait connaître aux officiers les stations où la troupe pourra descendre de voiture, ainsi que la durée des haltes.

Ces indications n'ont qu'un caractère de renseignement, les nécessités de l'exploitation technique pouvant exiger, en cours de route, la réduction ou même la suppression des arrêts prévus.

A l'arrivée dans chaque gare où un stationnement est prévu, le commandant de la troupe reçoit du commissaire militaire ou, à son défaut, du chef de gare, l'indication de la durée exacte de l'arrêt et des consignes locales.

Sur la demande de l'un ou de l'autre, il est tenu, lorsque les hommes sont sur les quais, de les faire immédiatement remonter en vagon.

Dans les courts arrêts, compris entre cinq et dix minutes, l'officier commandant la garde de police ou, à son défaut, l'officier de jour accompagné du sous-officier de la garde de police, doit descendre et parcourir rapidement le train pour s'assurer que tout est en ordre et recevoir les réclamations; il peut autoriser quelques hommes pressés de besoins urgents à descendre.

Dans les haltes de dix à quinze minutes, où tous les hommes peuvent descendre de vagon, les officiers se portent aussitôt à hauteur des vagons où sont embarqués leurs hommes, et la garde de police descend immédiatement.

Le commandant de la troupe fait placer des factionnaires, si cela est nécessaire, pour empêcher les hommes de circuler sur les voies, dans les buffets ou buvettes, si l'entrée en est interdite, de sortir des gares ou des espaces enclos, etc.

Les hommes ne descendent de vagon qu'à la sonnerie « halte »; ils laissent leurs armes dans les vagons et doivent sortir exclusivement par les portes ou portières qui ouvrent du côté du quai ou du trottoir.

Trois minutes avant le départ, à la sonnerie « en avant », les hommes remontent en vagon.

Ils sont libres de ne pas descendre, et, s'ils sont descendus, de remonter avant le signal du rembarquement.

Le commandant de la troupe devra mettre à profit les arrêts du train pour faire visiter les vagons à chevaux, relever, quand il y a lieu, les gardes d'écurie, vérifier le chargement du matériel et le faire consolider au besoin.

Lorsque les buvettes ou buffets ne sont pas interdits, l'entrée n'en est autorisée que pour un homme par compartiment des voitures à voyageurs ou deux hommes par vagon aménagé chargés de faire les achats de leurs camarades du compartiment ou du vagon.

Ces hommes sont conduits à la buvette ou au buffet par un sous-officier de chaque unité.

Halles-repas. — Dès l'arrivée, le commandant de la troupe reçoit du commissaire militaire communication des consignes locales; il est informé de la durée réelle de l'arrêt du train.

Si la gare n'est pas pourvue d'un poste permanent, la garde de police descend en armes et des factionnaires sont placés d'après les indications du commissaire militaire.

A la sonnerie de « la soupe », les fourriers, accompagnés du nombre d'hommes de corvée nécessaire (deux par vagon), se portent à l'endroit où doivent se faire les distributions et y reçoivent de l'officier d'administration les denrées à distribuer. Toute l'opération s'effectue sous la direction de l'officier de la garde de police ou, à son défaut, de l'officier de jour.

Pendant ce temps tous les hommes disponibles dans les armes montées, les conducteurs et ordonnances des officiers montés dans l'infanterie et le génie sont conduits en ordre aux vagons à chevaux pour y distribuer l'eau et l'avoine et y relever, s'il y a lieu, les gardes d'écurie.

La distribution des vivres est faite aux hommes dans les vagons par les soins des fourriers sous la surveillance des officiers. Les hommes peuvent ensuite descendre sur les quais.

Le chef de la troupe prend des mesures pour que les hommes de la garde de police et les gardes d'écurie reçoivent les vivres qui leur sont destinés.

Avant le départ, le commandant de la troupe signe, sur le carnet de l'officier d'administration de la halte-repas, le reçu des denrées distribuées. Il assure, sous sa responsabilité, la restitution, audit officier, des récipients dans lesquels les denrées lui ont été distribuées.

ART. 25. — **Devoirs des gardes d'écurie.**

Au départ, les gardes d'écurie ne débrident les chevaux que lorsqu'ils sont calmés et que le train est en marche. Les brides, soigneusement attachées, sont placées sur les rangées de selles.

À tous les coups de sifflet de la locomotive, à chaque arrêt et à chaque départ, les gardes d'écurie parlent aux chevaux, les calment et les soutiennent.

En cas d'accident grave survenu à l'un d'eux, ils se portent aux fenêtres et avertissent par leurs cris et en agitant leur mouchoir.

Les gardes d'écurie sont relevés toutes les trois heures environ. On profite, pour cette opération, des haltes supérieures à dix minutes ou des haltes-repas.

Pendant la route, les gardes d'écurie font manger les chevaux en leur donnant le foin à la main. Les bottes de foin sont remplacées pendant les haltes, au fur et à mesure de la consommation.

Dans les gares désignées pour les repas des chevaux, on distribue l'avoine dans les musettes.

Pour abreuver les chevaux, les hommes remplissent les seaux et les passent aux gardes d'écurie qui les reçoivent et font boire.

En principe, les chevaux ne sont abreuvés que lorsque la durée du trajet est de plus de douze heures (1).

Toutes les fois que cela est possible, les volets qui se trouvent au droit de la tête des chevaux restent fermés.

ART. 26. — **Arrivée à destination.**

Lorsque, en cours de route, la destination ou l'itinéraire primitivement assignés à un train sont modifiés, soit par l'ordre des autorités militaires de chemins de fer, soit en raison de nécessités de force majeure, le commandant de la troupe en est informé le plus tôt possible par les soins d'un commissaire militaire ou, s'il y a lieu, d'un chef de gare.

Les ordres ou instructions dont le commandant de la troupe est porteur sont modifiés ou retirés et remplacés par les soins

---

(1) Dans ce cas même, ils ont besoin de peu d'eau; un seau suffit généralement pour deux chevaux.

du commissaire militaire ou chef de gare d'après les indications données par les autorités militaires de chemins de fer. Les modifications ou les documents nouveaux sont revêtus du timbre de la commission ou de la gare.

A la dernière halte avant l'arrivée, le commandant de la troupe fait avertir les hommes de se tenir prêts à descendre. Tous les hommes rectifient leur tenue.

Les gardes d'écurie brident les chevaux et replacent les musettes-mangeoires comme elles étaient au départ.

A l'arrivée à la gare de destination, le commandant de la troupe reçoit du commissaire militaire l'indication du temps qui lui est accordé pour effectuer son débarquement (art. 27) et de toutes les autres conditions dans lesquelles le débarquement doit s'effectuer. Il en reçoit, en particulier, tous les renseignements nécessaires sur les consignes locales, sur les issues de la gare et du quai, ainsi que sur la place d'attente où il pourra réunir sa troupe en dehors de la gare et où il sera rejoint par ses voitures (1). Il fait immédiatement reconnaître l'itinéraire à suivre pour gagner cette place d'attente et fait placer par le commandant de la garde de police les sentinelles nécessaires pour maintenir l'ordre.

Le commandant de la troupe reconnaît les dispositions prises par la gare pour le débarquement des chevaux et des voitures; il réclame, s'il y a lieu, à la commission de gare les engins nécessaires à ce débarquement et le personnel chargé des opérations qui incombent au service des chemins de fer.

---

(1) Le devoir commun du commissaire militaire et du commandant de l'unité est de faire, le plus rapidement possible :

1° Opérer le débarquement;

2° Évacuer entièrement la gare ou le quai;

3° Reformer le train vide, s'il a été nécessaire de le couper en deux ou plusieurs tronçons.

A cet effet, le commandant de la troupe, quel que soit son grade, est tenu de déférer aux observations du commissaire militaire et, en cas d'utilisation d'un chantier de fortune et d'insuffisance du personnel du chemin de fer, de fournir, en sus des équipes de débarquement proprement dites, toutes équipes supplémentaires nécessaires pour aider aux mouvements de wagons et manœuvres de gare. Le commissaire militaire est chargé de diriger ces équipes supplémentaires, mais doit s'abstenir d'intervenir auprès des sous-ordres en ce qui concerne le débarquement proprement dit. Afin de diminuer l'encombrement, les différentes fractions de l'unité peuvent être, au fur et à mesure de leur débarquement, dirigées sur le point où doit se reformer la troupe.

Art. 27. — **Durée du débarquement d'un train.**

Que le débarquement d'un train soit effectué à quai ou au moyen de rampes, le temps *maximum* accordé pour cette opération est le suivant :

Quartiers généraux, infanterie, cavalerie, compagnie du génie et son parc, ambulances, hôpitaux, dépôt de remonte......................	Une heure et demie.
Batteries.	Deux heures.
Compagnie de parc du génie de corps d'armée, compagnie d'équipage de pont, sections de munitions, convois, boulangeries.	Deux heures et demie
Parc du génie d'armée, artillerie lourde (batteries et colonnes légères).....................	Trois heures.
Sections de parc de toute nature, sections de munitions d'artillerie lourde.	Quatre heures.

Si les nécessités militaires ou techniques l'exigent, le temps accordé pour le débarquement pourra être réduit. Avis en sera donné au commandant de l'unité par le commissaire militaire de gare (ou, à son défaut, par le chef de gare).

Art. 28. — **Débarquement des hommes et dispositions générales pour le débarquement des unités des différentes armes.**

A la sonnerie de la marche, les hommes sortent des vagons et se reforment devant le train.. Le débarquement s'exécute d'après les mêmes principes que l'embarquement et par les moyens inverses (1).

Les dispositions générales concernant le débarquement des unités des différentes armes sont les suivantes :

Infanterie. — Dès que la troupe est débarquée, les musiciens vont reprendre leurs gros instruments dans le fourgon; les équipes de débarquement, les ordonnances d'officiers montés et les conducteurs se portent au point de débarquement des chevaux et des voitures. Le commandant emmène immédiatement la troupe et la reforme par compagnie dès qu'elle est hors de la gare ou sur la place d'attente. Les faisceaux sont alors formés, s'il y a

---

(1) On doit recommander aux hommes de tenir à la main leur fourreau de sabre lorsqu'ils descendent des vagons, et, quand ils sont descendus, de ne pas appuyer leurs armes contre les voitures du train qui peuvent, à tout instant, être ébranlées par un mouvement de la locomotive.

lieu. La troupe ne se met en marche pour rejoindre sa destination qu'avec ses chevaux et ses voitures qui rejoignent tous ensemble sous la conduite de l'officier d'approvisionnement ou de l'officier chargé du débarquement.

Cavalerie. — Les équipes de débarquement sont conduites par l'officier, ou le vaguemestre, chargé de diriger cette opération, devant les trucs qu'elles doivent décharger. Les autres cavaliers sont conduits devant les vagons qui contiennent leurs chevaux et sont formés en bataille en laissant un large espace entre le front de la troupe et les vagons. En principe, le débarquement des voitures s'exécute en même temps que celui des chevaux, mais il y a toujours intérêt à l'activer, même au détriment de celui des chevaux, de façon à pouvoir renvoyer les équipes à leurs chevaux qu'il est toujours avantageux de faire seller par leurs propres cavaliers. Quand tous les chevaux sont sellés et les harnais remis en place, le commandant de la troupe fait monter à cheval et évacuer le quai ou le chantier. Les voitures rejoignent ensemble le point de rassemblement de l'unité.

Artillerie. — Les servants et les conducteurs désignés pour faire partie des équipes de débarquement du matériel sont conduits par les officiers et sous-officiers chargés de diriger ce débarquement au point où ils doivent déposer leurs armes.

Les autres conducteurs sont réunis en face des vagons qui contiennent leurs chevaux et y sont formés en bataille en laissant un assez large espace entre le front de la troupe et les vagons.

En principe, le débarquement des chevaux et mulets a lieu en même temps que celui du matériel (1). Quand tous les chevaux sont sellés et les harnais remis en place, l'officier chargé du débarquement des chevaux fait monter à cheval et emmène tous les chevaux sur la place d'attente désignée, à l'exception des attelages de derrière qui restent sur les quais pour reprendre les voitures.

En principe, la colonne de voitures de l'unité est reformée dans son ordre normal, en tout ou en partie, sur le quai ou chan-

---

(1) Le débarquement des chevaux n'est fait après celui des voitures que :

1° Si la gare ne possède pas l'espace ou le nombre d'accessoires suffisants pour que les deux opérations puissent se faire simultanément;

2° S'il est nécessaire de faire concourir les conducteurs au débarquement des voitures, le nombre des servants étant insuffisant pour effectuer l'opération assez rapidement.

tier avant d'être conduite à la place d'attente. Toutefois, si les dispositions locales ne permettent pas ce rassemblement, chaque voiture débarquée est aussitôt conduite par l'attelage de derrière à la place de rassemblement de l'unité. Si la formation comprend des mulets de bât, ceux-ci une fois débarqués sont immédiatement bâtés, puis dirigés sur le point de débarquement du matériel pour remettre en place les chargements des bâts.

Train des équipages militaires. — Le débarquement s'effectue comme il est prescrit pour les troupes d'artillerie, mais en général les chevaux ne sont débarqués qu'après les voitures.

Génie. — Les sapeurs-conducteurs et les ordonnances des officiers montés sont réunis en face des vagons qui contiennent les chevaux.

Les équipes désignées pour débarquer le matériel sont conduites par les officiers et les gradés préposés à cette opération au point de débarquement. Les hommes disponibles sont emmenés immédiatement hors de la gare ou sur la place d'attente où ils forment les faisceaux en attendant le rassemblement général de toutes les fractions de l'unité.

En principe, le débarquement des chevaux et mulets a lieu en même temps que celui du matériel (1). Quand tous les chevaux sont sellés et les harnais remis en place, l'officier chargé de leur débarquement fait monter les conducteurs à cheval et emmène le détachement au point de rassemblement de l'unité, à l'exception des attelages de derrière qui sont dirigés sur le point de débarquement des voitures.

Dès qu'une voiture est débarquée, on l'attelle avec un seul attelage si les chevaux sont déjà à terre et on l'emmène au lieu désigné pour le rassemblement de l'unité.

Si la formation comprend des animaux de bât, ceux-ci sont débarqués en même temps que les chevaux et immédiatement bâtés. S'il y a lieu, on les dirige, en même temps que les attelages de derrière, sur le point de débarquement du matériel, pour remettre en place les chargements de bât.

ART. 29. — Débarquement des chevaux et des voitures.

Dès l'arrivée du train, les employés du chemin de fer enlèvent le brêlage et les cales des voitures et placent les ponts volants ou

---

(1) Mêmes exceptions à cette règle que pour l'artillerie.

les rampes devant les portes; celles des vagons à chevaux restent néanmoins fermées. Les employés du chemin de fer sont aidés, s'il y a lieu, dans ces opérations, par les équipes chargées du débarquement. Les hommes forment les faisceaux et déposent leurs armes, leur équipement et leurs effets, comme il a été dit pour l'embarquement.

a) Chevaux. — Le commandant de la troupe pour la cavalerie, ou l'officier chargé du débarquement pour les autres armes, après s'être assuré que tous les hommes ont reconnu les vagons où sont leurs chevaux, donne le signal du débarquement. Les hommes ouvrent alors les portes des vagons; ils enlèvent les selles, ainsi que les sellettes et les bâts, s'il y a lieu, et vont les poser à terre sur un rang au delà de l'emplacement où les chevaux doivent se former.

On fait sortir ensuite les animaux de chaque rang, après avoir retiré successivement les cordes-poitrail; deux hommes sont placés de chaque côté des ponts volants ou des rampes. Il ne doit jamais y avoir à la fois plus de trois hommes dans un même vagon.

Les animaux sont aussitôt sellés ou bâtés, et les paquetages des chevaux de selle, des sous-verges, des porteurs, ou des animaux de bât, sont refaits, comme il est prescrit pour se rendre à la gare d'embarquement.

b) Voitures. — Les voitures sont débarquées par les moyens inverses de ceux qui ont servi à les embarquer.

Lorsque le débarquement doit être fait sur des rampes mobiles, chaque voiture à débarquer est d'abord tournée dans la direction de la rampe, le timon ou la flèche en avant.

Les cordes à chevaux, la poulie et les jarretières sont placées comme il a été dit pour l'embarquement (1).

Si l'on opère sans poulie, la corde à chevaux est enroulée deux fois autour de l'essieu du wagon. Les roues de celui-ci sont calées.

Un ou deux hommes sont placés au timon pour diriger la voiture; les autres sont répartis suivant les besoins au brin libre de la corde à chevaux, aux cales à manches et au frein.

L'avant-train est d'abord descendu et arrêté sur le sol, le plus près possible de la rampe, ou assez bas sur la rampe pour per-

---

(1) La poulie, au lieu d'être fixée à la voiture elle-même, peut être fixée au truc du côté opposé à la rampe; dans ce cas, la corde à chevaux est attachée directement à la voiture.

mettre de redresser l'arrière-train. L'arrière-train est ensuite placé, les deux roues près de la rampe, la flèche sur la rampe. L'avant-train est alors remonté jusqu'à ce que son crochet puisse être engagé dans la lunette de flèche, puis la voiture entière est descendue doucement sur le sol, le frein serré, et toujours maintenue par la corde à chevaux, à laquelle s'applique le nombre d'hommes nécessaires. Elle est ensuite conduite à bras à une distance suffisante pour ne pas gêner le débarquement des autres voitures.

Il est interdit de descendre les voitures lourdes et d'un maniement difficile sans employer les cales et poulies, ou, à défaut de ces dernières, les cordes à chevaux.

ART. 30. — **Départ de la troupe.**

Avant le départ de la troupe, les agents du train visitent les vagons avec un ou plusieurs sous-officiers désignés à cet effet et remettent à ces derniers les objets que les hommes pourraient y avoir oubliés.

Le commandant de la troupe fait remettre au commissaire militaire ou, à son défaut, au chef de gare, les agrès et accessoires utilisés pour le transport et le débarquement.

La troupe ne quitte la place d'attente pour gagner sa destination que lorsqu'elle a été rejointe par toutes ses voitures.

Si la troupe est dans l'impossibilité d'emmener avec elle soit des chevaux blessés, soit des voitures brisées ou sans attelages, le commandant de l'unité les fait conduire sans retard, sur l'indication du commissaire militaire, dans des locaux requis, à cet effet, par le commandant d'armes chargé d'en assurer la subsistance et la garde. En aucun cas, la troupe ne doit se rendre à son cantonnement avant d'avoir débarrassé complètement la gare ou le quai.

ART. 31. — **Prescriptions complémentaires.**

Les dispositions de la présente instruction pourront être complétées, s'il y a lieu, pour chaque arme, par des prescriptions de détail, sans toutefois reproduire le texte de l'instruction générale applicable à toutes les armes.

ART. 32. — **Documents abrogés.**

La présente instruction abroge et remplace les instructions des

20 février 1902 (infanterie, cavalerie, artillerie et train) et 29 janvier 1903 (génie).

Paris, le 26 juillet 1912.

Le Ministre de la guerre,
A. MILLERAND.

ANNEXE 1.

ARTILLERIE DE MONTAGNE. — ARTILLERIE LOURDE ET SECTIONS DE PARC.

Les unités d'artillerie de montagne, les unités d'artillerie lourde et les sections de parc de toute nature s'embarquent suivant les règles posées par l'instruction générale, sous la réserve des modifications contenues dans les articles ci-après qui portent les mêmes numéros que les articles correspondants de l'instruction générale.

1° Dispositions particulières à l'artillerie de montagne.

Art. 3 et Art. 5. — Accessoires d'embarquement.

Dans les batteries de montagne, le nombre des bottillons de chargement et des divers accessoires à prévoir est déterminé en assimilant chaque pièce à une voiture.

Art. 11. — Vagons affectés au transport du matériel.

Dans toutes les unités d'artillerie de montagne, il est réservé en principe un vagon couvert pour le transport des caisses à munitions.

En outre, dans les batteries de montagne un truc est réservé pour le transport des pièces montées sur leurs affûts.

Les chargements de bât qui ne peuvent trouver place sur l'un ou l'autre de ces vagons sont répartis, suivant les ordres du commandant de l'unité, sur les trucs qui portent des voitures.

Art. 14.

Les batteries de montagne sont, autant que possible, conduites attelées sur le lieu de l'embarquement.

Art. 17.

La croupière des chevaux de selle est relevée sur le siège de la selle avec la sangle et la couverture.

Art. 18.

En rangeant les bâts dans les vagons, il faut avoir soin de mettre, autant que possible, les bâts de matériel en dessus.

Art. 19. — **Embarquement du matériel.**

Embarquement des pièces. — Pendant les transports, les pièces d'artillerie de montagne sont toujours placées sur leurs affûts. Leur embarquement ne présente aucune difficulté, grâce à la légéreté du matériel et à la facilité avec laquelle on peut le mouvoir à bras.

On dispose les pièces, les unes à côté des autres, aux deux extrémités du truc, la bouche tournée vers le petit côté correspondant et ne dépassant pas les faux tampons.

Entre les pièces sont déposés les nécessaires, les accessoires et les bras de limonière, groupés par section.

Chargement du matériel autre que les pièces. — Les caisses à munitions sont portées à bras dans le vagon qui doit les recevoir, et disposées par rangées, en suivant l'ordre des pièces, leur grand côté parallèle à la voie.

Les surcharges autres que les sacs sont déposées sur les caisses correspondantes.

Le chargement du vagon à caisses est complété avec le matériel retiré des bâts en commençant par les chargements qu'il y a intérêt à mettre à couvert.

Le matériel qui ne peut trouver place dans ce vagon est déposé sur un des trucs qui doit être bâché ensuite.

2° Dispositions particulières aux unités d'artillerie lourde et aux sections de parc de toute nature.

—

Art. 2. — **Corvées d'embarquement.**

Pour les sections de munitions de 155 C. T. R. et pour les sections de parc de toute nature, il faut prévoir par unité de transport, une corvée d'une quarantaine d'hommes pour l'embarquement du matériel.

Il n'est pas prévu de corvée pour les colonnes légères qui, ainsi que les batteries de 155 C. T. R., disposent d'un personnel suffisant pour assurer elles-mêmes leur embarquement.

ART. 11. — **Répartition du matériel sur les trucs.**

Le matériel est réparti sur les trucs en tenant compte des principes donnés dans l'instruction générale.

Toutefois, dans les batteries et colonnes légères de 155 C. T. R., pour éviter les dégradations possibles au matériel, les voitures sont toujours engerbées suivant un des modes de chargement représentés par les planches et décrits ci-après. Si la longueur du truc le comporte. plusieurs de ces chargements-types sont placés bout à bout, et le dispositif total est complété, s'il y a lieu, de manière à utiliser toute la contenance du vagon, avec une ou deux voitures à deux roues (avant-train quelconque, arrière-train autre qu'affût ou porte-canon, ou voiture médicale).

ART. 14. — **Arrivée à la gare d'embarquement.**

S'il est nécessaire, les voitures attelées à la Daumont sont amenées sur le quai ou le chantier, à hauteur des trucs qui doivent les recevoir, par les attelages de milieu et de derrière.

ART. 19. — **Embarquement du matériel.**

Les principes donnés dans l'instruction générale s'appliquent entièrement aux unités d'artillerie lourde et aux sections de parc de toute nature sauf les particularités suivantes :

MESURES PRÉLIMINAIRES.

Comme dans l'instruction générale, sauf dans les batteries et colonnes légères de 155 C. T. R., pour ce qui a trait aux avant-trains des voitures à trains séparables.

Dans ces unités, les avant-trains conservent toujours leur timon dont l'extrémité vient reposer sur le plancher du truc. S'il est indispensable d'enlever momentanément un timon pour la facilité d'une manœuvre, deux hommes doivent soutenir la volée (1).

---

(1) Cette disposition est surtout importante avec les avant-trains de caisson chargés en munitions, les plaques à collerettes n'étant pas construites pour supporter le poids des obus.

Les servantes des avant-trains sont toujours relevées et fixées par leur chaînette; les ressorts de traction pendent librement.

Les galeries porte-sacs sont toujours laissées en place, chargées et bâchées.

DÉTAILS D'EXÉCUTION.

Chargements types (1).

1° Affût de 155 C. T. R. avec son avant-train (*Pl. XXXV*).

Disposer l'arrière-train d'affût (2) dans l'axe du vagon, sa flèche tournée du côté où l'on accède dans le truc, et faire reposer la bêche sur un plateau en bois blanc.

Introduire ensuite l'avant-train (en utilisant au besoin le truc auxiliaire) et l'amener vers l'affût, le timon en avant, en le portant légèrement sur le côté du vagon pour pouvoir appliquer le timon extérieurement contre l'un des flasques, son extrémité posant à terre. S'assurer que les cases d'armons de l'avant-train ne portent pas sur l'arrière-train, puis brêler le timon au flasque voisin après interposition d'un bouchon de paille.

2° Porte-canon de 155 C. T. R. avec son avant-train (*Pl. XXXVI*).

Pour pouvoir déplacer l'arrière-train de porte-canon sans son avant-train, il faut amener le canon à sa position d'équilibre. On retire ensuite les deux manivelles, pour éviter de les dégrader accidentellement pendant les opérations de l'embarquement, et on les dépose sur l'arrière-train entre la culasse et le couvre-culasse.

Ces dispositions préliminaires prises, amener l'arrière-train de porte-canon dans l'axe du vagon, les becs antérieurs tournés du côté où l'on accède dans le truc, et faire reposer la lunette sur un plateau en bois blanc.

Remettre les manivelles sur leurs axes et redescendre le canon à sa position de route en manœuvrant au treuil pour le retenir et en orientant la tige à crochet de la chaîne, à la fin du mouvement, pour qu'elle pénètre dans l'échancrure du couvre-culasse. Laisser la chaîne accrochée à la culasse et tendue.

---

(1) Voir article 11.
(2) Pour déplacer l'arrière-train d'affût, il faut toujours employer les leviers ferrés en interposant un plateau en bois blanc entre leur extrémité et le plateau de bêche de l'affût.

Introduire ensuite (1) l'avant-train (en utilisant au besoin le truc auxiliaire) et l'amener vers le porte-canon, le timon en avant, en le maintenant dans l'axe du vagon. Engager le timon sous l'arrière-train, son extrémité posant à terre, et faire avancer l'avant-train de manière que les becs antérieurs du porte-canon, passant au-dessus des couvercles des cases d'armons, arrivent presque au contact de la paroi antérieure du coffre d'avant-train sans toutefois toucher celle-ci.

Brêler le timon en le réunissant par une jarretière fortement tendue aux deux roues de l'arrière-train.

Nota. — Lorsque l'on juxtapose sur un même truc les deux chargements types qui viennent d'être décrits, il y a intérêt à les disposer, pour diminuer l'encombrement, comme le montre la planche XXXVII.

3° Caissons de 155 C. T. R.

On peut réaliser quatre chargements types avec des avant-trains et des arrière-trains de caisson.

Ils correspondent respectivement à 3, 3 1/2, 4 et 5 essieux fictifs.

a) *Deux arrière-trains de caisson* : soit 3 Ef. (*Pl.* XXXVIII). — Croiser les flèches des deux arrière-trains en laissant à l'extérieur les poignées des crochets de servante. Rapprocher les deux arrière-trains autant que le permet la disposition du plancher du vagon, mais sans amener les fourragères ou les seaux d'abreuvoir au contact.

Brêler les flèches à l'aide d'une jarretière après interposition d'un bouchon de paille.

b) *Deux arrière-trains et un avant-train de caisson* : soit 4 Ef. (*Pl.* XXXIX).

c) *Deux arrière-trains de caisson avec leurs avant-trains* : soit 5 Ef. (*Pl.* XL).

Ces deux chargements se déduisent du précédent en ajoutant un avant-train de caisson à une extrémité ou aux deux extrémités.

L'avant-train est disposé derrière l'arrière-train voisin, dans le même sens que lui. Son timon engagé sous l'arrière-train vient se ranger contre la face de la flèche qui porte la poignée du crochet de servante, sans toucher à celle-ci et sans entrer en con-

---

(1) L'avant-train peut être introduit le premier; l'arrière-train est alors reculé à sa place définitive au-dessus du timon.

tact avec l'essieu coudé de l'arrière-train. La flèche et le timon
des deux voitures voisines sont brêlés l'un à l'autre avec une jarretière après interposition d'un bouchon de paille.

d) Un arrière-train et deux avant-trains de caisson : soit
3 1/2 Ef. (*Pl.* XLI). — A l'une des extrémités du chargement placer un avant-train, son timon parallèle à l'axe du truc et tourné
du côté par où l'on accède dans le truc, la roue gauche plus
rapprochée du grand côté voisin que la roue droite.

Au-dessus du timon, faire reculer l'arrière-train orienté dans
le même sens que l'avant-train et maintenu dans l'axe du vagon.
Arrêter le mouvement au moment où, la lunette posant à terre,
l'essieu de l'arrière-train va arriver au contact du timon. Amener ce dernier contre la face de la flèche qui porte la poignée du
crochet de servante et le brêler à la flèche avec une jarretière,
après interposition d'un bouchon de paille.

Introduire le second avant-train en le tournant en sens contraire des deux voitures précédemment chargées, et l'amener
vers celles-ci en le portant légèrement vers sa gauche pour pouvoir appliquer le timon contre la face de la flèche de l'arrière-
train qui ne porte pas la poignée du crochet de servante. Brêler
le timon à la flèche de l'arrière-train avec une jarretière, après
interposition d'un bouchon de paille.

4° Voiture-observatoire, modèle 1910, avec son avant-train (*Pl.* XLII).

Disposer l'arrière-train, la crosse à terre, au-dessus du timon
de l'avant-train, les deux trains tournés dans le même sens. Brêler le timon de l'avant-train en le réunissant par une jarretière
fortement tendue aux deux roues de l'arrière-train.

5° Chariot-forge, ou chariot de batterie de 155 C. T. R. (*Pl.* XLIII).

Comme la voiture-observatoire.

Pour pouvoir déplacer facilement l'arrière-train, commencer
par enlever la roue de rechange et, s'il y a lieu, une partie du
chargement intérieur. La roue n'est pas remise en place, mais est
déposée sur le plancher du truc généralement entre les deux
trains.

Chargement direct d'un truc par le grand côté (1).

a) *A quai :*

En principe, les unités d'artillerie lourde et les sections de parc de toute nature sont embarquées et débarquées à quai.

Pour les plus lourdes des voitures de ces unités (chariots à munitions), il est bon de soulager les ponts volants par un petit échafaudage de soutien organisé vers le milieu de leur longueur.

Embarquement d'une voiture à quatre roues. — Pour embarquer une voiture à quatre roues à trains non séparables, lourdement chargée, il y a intérêt, surtout lorsqu'elle n'est pas à tournant complet et que les rebords du truc se rabattent, à réunir le vagon au quai par un large plan incliné formé de ponts volants jointifs, et à introduire la voiture obliquement sur le truc, de manière à éviter le plus possible d'avoir à riper l'arrière-train.

Embarquement d'une série de voitures ou de demi-voitures à deux roues. — On applique les règles données par l'instruction générale, en tenant compte des particularités de manœuvre précédemment signalées, pour réaliser les divers chargements types qui, par leur réunion, doivent constituer le chargement du truc (voir art. 11 spécial à l'artillerie lourde).

Si, avec ces chargements types, on doit embarquer une ou deux voitures ou demi-voitures à deux roues pour utiliser toute la contenance du vagon, on place les voitures supplémentaires à l'une ou l'autre des extrémités du chargement principal, l'avant tourné vers le milieu du truc, le timon, la flèche ou les limonières engagés sous les autres voitures, en veillant à éviter tout contact des divers éléments du chargement.

b) *Sur chantier, à l'aide de rampes :*

En l'absence de quais, on embarque les voitures à l'aide des rampes mises à la disposition des unités.

Pour les batteries et colonnes légères de 155 C. T. R., on utilise la rampe mobile de campagne; il suffit pour l'embarquement des affûts et porte-canons de la renforcer comme il va être dit.

---

(1) Lorsqu'on est obligé de charger entièrement un truc par son grand côté, sans emploi d'un truc auxiliaire, si l'on doit faire reculer sur des ponts volants la voiture chargée la première, pour dégager l'entrée du vagon, il convient d'arrêter l'ordre de chargement des voitures de manière que la première à introduire sur le vagon soit, autant que possible, un avant-train, plus facile à manier que toute autre voiture.

Pour les sections de munitions de 155 C. T. R. et pour les sections de parc de toute nature on utilise, tout au moins, pour les chariots à munitions, des rampes et accessoires de siège, s'il en existe de disponibles au point d'embarquement ou de débarquement (1) (*Pl. XXXII, XXXIII et XXXIV*).

Mais le plus souvent on ne peut disposer que de rampes mobiles de campagne (rampes à longrines en fer, ou rampes à longrines d'acier). Or, ces rampes ne peuvent être employées, sans être renforcées, que pour des poids ne dépassant pas 2.600 kilogrammes.

Au delà de cette charge, et jusqu'à une limite de 3.200 kilogrammes environ, on peut encore utiliser les rampes mobiles de campagne, mais à la condition de les renforcer convenablement soit par un petit échafaudage de soutien (2), soit à l'aide de rails doublant les longrines, soit, pour les rampes à longrines d'acier, par l'adjonction de deux longrines supplémentaires.

Enfin, un grand nombre des chariots de parc chargés en munitions ayant des poids qui dépassent 3.200 kilogrammes, il conviendra, lorsqu'on sera obligé d'embarquer ces voitures avec des rampes de campagne :

1° De décharger partiellement la voiture, si la chose est possible;

2° De multiplier les dispositifs de renforcement et les échafaudages de soutien;

3° De réduire le plus possible le nombre des hommes qui se tiennent sur la rampe et chargent celle-ci. En particulier, il sera toujours avantageux d'employer les pans de roue.

Dans tous les cas, lorsqu'on peut utiliser la rampe sans la renforcer, il faut donner aux longrines un écartement aussi voisin que possible de la voie des voitures à charger.

Dans le cas où l'on double le nombre des longrines qui soutiennent le tablier, il faut les répartir sur toute la largeur de la rampe.

Manière de fixer la poulie aux voitures. — Le crochet de la poulie est fixé à la voiture que l'on veut monter dans les conditions suivantes, lorsque les prescriptions de l'instruction générale ne sont pas applicables :

_____

(1) Pour la description et l'emploi de la rampe mobile pour matériel de siège, voir l'Instruction spéciale relative aux accessoires à employer pour le transport des troupes et du matériel par voies ferrées.

(2) Quelques traverses de voie, même hors d'usage, placées sous les longrines, constituent un excellent support.

1° *Arrière-trains d'affût :* réunir par un nœud (1) les deux bouts d'une jarretière, la replier en quatre et l'engager derrière le support d'accrochage du frein de tir, après avoir retiré l'écouvillon refouloir et sa hampe. Ramener les deux extrémités du cordage l'une contre l'autre et engager le bec du crochet de la poulie dans toutes les ganses ainsi formées.

2° *Arrière-train de porte-canon :* préparer deux cordages identiques formés chacun à l'aide de deux jarretières nouées bout à bout. Juxtaposer ces deux cordages et les faire reposer par leur milieu sur le couvre-essieu de droite, contre la glissière. Passer les brins libres sous le porte-canon, les croiser sur le couvre-essieu de gauche, les repasser sous le porte-canon et venir les nouer au-dessus du couvre-essieu de droite. Prendre avec le bec du crochet de la poulie tous les cordages sous la voiture.

3° *Arrière-train de caisson, de chariot de batterie ou de chariot-forge :* préparer un cordage formé de trois jarretières nouées bout à bout. Poser le milieu de ce cordage sur l'essieu, entre le coffre et la roue droite; en passant chaque fois sous la voiture venir croiser les deux brins sur l'essieu, à gauche du coffre, puis à droite, et enfin de nouveau à gauche, où ils sont réunis par un nœud. Prendre avec le bec du crochet de la poulie tous les cordages, sous le coffre.

4° *Arrière-train de voiture-observatoire modèle* 1910 : comme pour les voitures de service.

Chargement d'un truc par le grand côté à l'aide d'un truc auxiliaire.

Pour l'embarquement des voitures de l'artillerie lourde ou des sections de parc, on a toujours intérêt, lorsque le chargement se fait par le grand côté, à avoir recours à la méthode du truc auxiliaire pour terminer le chargement de chaque truc (2).

Pour faciliter cette manœuvre, dans les batteries et colonnes légères de 155 C. T. R., il faut faire en sorte que les derniers éléments à charger sur chaque truc soient autant que possible des avant-trains.

---

(1) Pour pouvoir dénouer facilement les jarretières, il convient d'engager dans chaque nœud un morceau de bois qui l'empêchera de se serrer trop fortement sous l'effort du poids de la voiture.

(2) Seul le dernier truc de chaque équipe est nécessairement chargé sans l'aide d'un truc auxiliaire.

Chargement par le petit côté.

L'embarquement par le petit côté, soit à quai, soit à l'aide de rampes, doit être employé, chaque fois qu'il est possible, pour les chariots de parc chargés en munitions. Ceux-ci sont alors en principe introduits sur les trucs, le timon en avant, et si possible débarqués de même.

Lorsque le chargement se fait à l'aide de rampes, il faut monter celles-ci avec quatre longrines, deux en dehors des tampons et deux entre ceux-ci.

ANNEXE II.

Dispositions particulières au chargement de certaines voitures et de certains parcs du génie.

A. — CAISSON A MÉLINITE.

Le caisson à mélinite est embarqué les deux trains séparés.

Le coffre d'arrière est placé à droite du truc, la flèche repose sur le plancher; le coffre d'avant est à gauche, le timon levé est attaché par des jarretières à l'essieu du coffre d'arrière, près de l'une des roues.

B. — PARCS DES SECTIONS D'AÉROSTIERS DE CAMPAGNE.

En principe, l'embarquement des voitures des sections d'aérostiers de campagne a toujours lieu à quai; si l'on était absolument obligé d'embarquer en chantier, on recourrait, pour charger sur truc les voitures-tubes, aux grues des gares, et, à défaut, aux rampes du modèle prévu pour l'embarquement du matériel de siège.

C. — VOITURES DES ÉQUIPAGES DE PONT. (*Pl.* XLIV.)

Dispositions générales.

On entre-croise les voitures en plaçant alternativement un haquet à bateau, ou à nacelle, et une autre voiture dont le chargement plus court et plus bas s'engage sous la levée du bec des bateaux; on peut ainsi composer le train sans intercaler des trucs vides entre ceux qui reçoivent les haquets.

Cette disposition du chargement permet aussi d'utiliser des trucs de valeur différente en essieux fictifs.

Les trucs destinés aux haquets à chevalets ou bateaux doivent avoir une capacité égale ou supérieure à 6 Ef. Les autres trucs doivent avoir une capacité de 5 Ef (longueur intérieure supérieure à 6 mètres).

Dans les chargements de deux trucs qui se suivent, les parties saillantes exposées à des dégradations par suite de chocs doivent être éloignées les unes des autres de $0^m,50$ au minimum.

Toutes les voitures sont placées l'avant-train en avant. Les timons des haquets et des chariots de parc sont toujours enlevés et placés soit dans les bateaux, soit sur le plancher des trucs correspondants ou sur le changement des voitures.

Tous les haquets ont les roues de devant appuyées contre les rebords des trucs.

La volée de l'avant-train des haquets, s'il en est besoin, est retournée sous la voiture, après l'enlèvement du timon.

La forge peut être embarquée en deux trains séparés, disposés comme ceux du caisson à mélinite.

A titre d'exemple, la répartition des voitures d'un équipage de pont de corps d'armée entre deux trains, l'un de 23 vagons, l'autre de 22, peut être faite de la manière suivante :

Train n° 1. — 1re division d'équipage, section de réserve et 4 fourgons, soit 24 voitures sur 23 vagons;

Trucs nos 1 et 3 : chariots de parc du premier groupe;

Trucs nos 2 et 4 : haquets à bateau du premier groupe;

Truc n° 5 : avant-train de forge et fourgon;

Truc n° 6 : haquets de chevalets du premier groupe;

Truc n° 7 : arrière-train de forge et fourgon;

Truc n° 8 : haquet à nacelle;

Truc n° 9 : chariot de section de culée;

Trucs nos 10, 12, 14, 16, 18, 20, 22 : haquets à bateau du 2e groupe et haquet de réserve;

Trucs nos 11, 13, 15, 17, 19, 21 : chariots de sections de bateaux du 2e groupe. Chariot de forge. Chariot de réserve.

Truc n° 23 : 2 fourgons.

Train n° 2. — 2e division voitures auxiliaires du service des conducteurs, 2 fourgons, soit 23 voitures sur 22 vagons :

Trucs nos 1 à 9 : même chargement que pour le train n° 1;

Trucs nos 10, 12, 14, 16, 18, 20 : haquets à bateau du 2e groupe;

Trucs nos 11, 13, 15, 17, 19, 21, 22 : chariots de sections de bateaux du 2e groupe. Chariot de forge. Voitures auxiliaires.

Chargement des voitures.

Le changement des voitures d'un équipage de pont doit s'effectuer en principe à quai et exceptionnellement en chantier au moyen de rampes mobiles.

Si les trucs dont on dispose n'ont que la longueur nécessaire au placement des voitures, ou si leurs rebords fixes sont très élevés, on peut être obligé de placer les voitures sur les trucs après les avoir au préalable déchargées complètement de leur matériel. On procède alors de la manière suivante qui ne s'applique qu'au cas du chargement à quai par le grand côté :

a) Relier le quai au truc par un, deux ou quatre ponts volants suivant leurs dimensions.

b) *Chariot de parc.* — Amener le chariot déchargé parallèlement au truc, les roues touchant les ponts volants; le porter sur ces ponts et le faire glisser jusque sur le truc à l'emplacement qu'il doit occuper, le recharger ensuite de ses madriers et de ses agrès.

b') *Haquet avec bateau* (ou avec nacelle). — Placer le haquet déchargé sur le truc, comme il vient d'être indiqué pour le chariot; le recharger de ses sept poutrelles; brêler deux fausses poutrelles superposées contre les ranchets de devant (1) et deux autres contre les ranchets de derrière (1); placer cinq poutrelles formant rampes du quai aux brancards, les extrêmes près des ranchets (1); apporter le bateau (ou la nacelle) et faire glisser l'embarcation jusque contre les fausses poutrelles.

Placer aux extrémités des poutrelles cinq hommes qui les mettent à bras, puis à l'épaule; soulever alternativement l'avant et l'arrière du bateau (ou de la nacelle) et porter chaque partie sur les fausses poutrelles, à la place qu'elle doit occuper.

Débrêler les fausses poutrelles et les dégager, puis brêler le bateau (ou la nacelle) sur son haquet.

Cas particulier du chargement.

La composition du chargement d'un train peut obliger de mettre un haquet avec nacelle entre deux haquets avec bateaux, dans ces conditions le premier ne peut être placé sur le truc avec son chargement; on procède alors de la manière suivante :

Après avoir entièrement déchargé le haquet, placer la nacelle renversée, les plats-bords sur le plancher et les anneaux de brêlage à égale distance des extrémités du truc; puis charger d'abord les poutrelles de chaque côté de la nacelle sur deux de hauteur, et ensuite le haquet, ses roues reposant sur les poutrelles, les roues de derrière contre les rebords du truc; enfin placer le corps

---

(1) Ou à hauteur des platines à anneaux remplaçant ces ranchets.

mort et les agrès sur le haquet ou aux emplacements disponibles sur le plancher du truc.

Si le chargement s'effectue par le grand côté, il est plus commode, pour placer le haquet, d'ôter l'avant-train et les roues et de les remettre ensuite.

Il est essentiel de clameauder les poutrelles entre elles et de les amarrer aux anneaux des trucs ainsi que la nacelle et les roues du haquet.

Chargement à la grue.

On peut avoir recours aux grues des gares pour le chargement sur les trucs de voitures très lourdes, comme les voitures-tubes des parcs aérostatiques.

Les voitures sont enlevées de terre et descendues sur les vagons dans la position qu'elles doivent occuper et qui est définie dans les règles précédentes. La manœuvre de la grue incombe dans ce cas aux agents des chemins de fer.

ANNEXE III.

Dispositions particulières au chargement des fours roulants des boulangeries de campagne.

Les fours roulants des boulangeries de campagne peuvent être embarqués à bras ou au moyen de grues :

A. — CHARGEMENT A BRAS.

1° A quai.

a) Chargement d'un four sur un vagon ayant une porte d'au moins trois mètres sur chaque face vers les extrémités.

Matériel nécessaire. — Des cales de roues, des ponts volants en quantité suffisante pour garnir l'emplacement de la porte rabattue.

Personnel nécessaire. — 1 chef d'équipe et 14 hommes : 2 aux cales, 2 à chaque roue, 2 à la volée, 2 au bout du timon.

Manœuvre. — Amener le four perpendiculairement à la longueur du quai, l'arrière à 1^m,50 environ du bord du quai et vis-à-vis de la porte abattue et garnie de ponts volants, s'il y a lieu, dans une position telle que la ligne extérieure prolongée des roues, du côté de la voiture qui est près du milieu du truc, soit à 0^m,30 environ en dedans de l'ouverture de la porte.

Le timon étant maintenu droit, faire effort pour faire monter l'arrière-train jusque sur le truc et arrêter.

Incliner le timon en dedans jusqu'à ce que l'arête du coffre du four vienne se projeter sur l'axe du timon.

Faire effort pour faire monter l'avant-train jusque sur le truc en inclinant de plus en plus le timon en dedans, mais de manière que la roue d'avant-train extérieure ne dépasse pas le bord du pont. Dans ce mouvement, les hommes aux roues de l'arrière-train règlent leur effort de manière à faire reculer la voiture et à l'amener au milieu du truc.

Le mouvement terminé, le coffre du four doit être parallèle aux grands côtés du vagon, les roues à égale distance de ceux-ci et le timon perpendiculaire au coffre.

Régulariser la position, s'il y a lieu; ôter le timon et le poser sur ses supports; remettre l'avant-train droit.

b) Chargement par-dessus le grand côté, la hauteur de celui-ci ne dépassant pas 0^m,20 :

Matériel. — En plus de celui nécessaire précédemment, trois mètres de bottillons de paille.

Personnel. — 1 chef d'équipe, 16 hommes, dont 2 aides s'appliquant successivement aux roues de l'arrière-train ou de l'avant-train suivant le besoin.

Manœuvre. — Etablir avec les ponts volants jointifs un pont d'au moins 3 mètres de largeur et dont le côté extérieur soit à environ 1^m,30 de l'extrémité du truc. Placer sur le truc des bottillons jointifs et à la tête du pont.

La manœuvre s'exécute ensuite comme précédemment, les deux auxiliaires aidant les hommes aux roues de derrière dans la première partie du mouvement, et ceux aux roues de devant ou à la volée dans la deuxième partie.

c) Déchargement dans le cas où le vagon a une porte d'au moins 3 mètres sur chaque face :

Même personnel et même matériel que pour le chargement cas *a*).

L'opération s'exécute absolument en sens inverse de celle de l'embarquement, en réglant le mouvement du timon de manière que la roue qui est le plus près de l'ouverture du milieu de la porte en passe à environ 0^m,30.

d) Déchargement par-dessus le grand côté, celui-ci n'ayant pas plus de 0^m,20 :

Matériel. — Comme dans le cas *b*), et en plus deux grandes cales, quatre bouts de madriers d'environ 0^m,50 et quatre leviers de manœuvre.

Même personnel que dans le cas *b*).

Les ponts volants et les bottillons sont disposés comme dans le cas *b*). Deux grandes cales sont en outre placées en avant des bottillons, sur le passage des roues de l'avant-train, pour former une rampe. Tous les hommes font effort pour faire monter les roues de l'avant-train sur les ponts volants.

Le reste du mouvement s'exécute comme dans le cas précédent, en se servant des leviers de manœuvre, prenant appui sur les bouts de madriers convenablement disposés, pour faire gravir aux roues de l'arrière-train la rampe formée par les cales et les bottillons.

2° A l'aide de rampes.

Mêmes dispositions d'ensemble que pour le chargement à quai, sauf que les ponts volants qui servent à relier le truc au quai sont remplacés par une rampe mobile de campagne (rampes à longrines en fer ou rampes à longrines en acier).

Le four est amené sur la rampe comme il est fait pour les autres voitures embarquées par ce procédé. En raison du poids des fours, il devra toujours, dans le chargement à l'aide de rampes, être fait usage de la poulie et de la prolonge. En outre, les rampes devront être renforcées comme il est indiqué aux règles spéciales concernant l'artillerie lourde et les sections de parc.

B. — Chargement au moyen de grues.

Pour éviter les dégradations qui peuvent, en utilisant les grues, se produire aux tôles des fours, il convient d'observer les précautions suivantes :

Les chaînes ou les cordages ne doivent jamais être en contact avec les coffres des fours roulants; le moyen qui consiste à soulever le four à l'aide de cordages passant sous le coffre, doit être absolument rejeté.

Le chargement doit être effectué au moyen d'un croisillon en fer que possèdent à l'heure actuelle presque toutes les gares.

Le croisillon suspendu à la chaîne de la grue remplace le crochet ordinaire. Il doit être amené au-dessus du four, de façon que les crochets qui terminent les bras du croisillon soient placés en regard des roues.

On relie ensuite chacun de ces crochets à la roue correspondante à l'aide d'un cordage qui, passant en dessous du moyeu du côté intérieur, vient ressortir extérieurement contre les jantes, en passant entre les rais.

Les cordages reliant les crochets aux roues de l'avant-train doivent avoir $0^m,60$ environ de plus que ceux qui aboutissent aux roues de l'arrière-train.

Le four est ensuite enlevé par la grue et placé sur le vagon.

Les quatre points d'attache étant placés à l'extérieur du coffre, et la distance entre deux crochets consécutifs du croisillon étant plus grande que la largeur de ce coffre, les cordages sont sensiblement verticaux et ne peuvent y toucher pendant le soulèvement; par suite, aucune avarie n'est à craindre.

Si la gare ne possède pas le croisillon en fer en question, les fours doivent être suspendus par les roues pour le chargement à la grue.

ANNEXE IV.

Transport par chemin de fer des convois automobiles de poids lourd.

TRANSPORT DU PERSONNEL.

Les dispositions relatives au transport des troupes (reconnaissance du train, fractionnement de la troupe; embarquement des hommes; mesures à prendre avant le départ du train, pour les haltes et stations, pour l'arrivée à destination; mesures de police et de sécurité; débarquement des hommes; départ de la troupe; vivres de chemin de fer) sont applicables au personnel des convois automobiles.

TRANSPORT DU MATÉRIEL.

Dispositions générales.

Il n'est utilisé en principe pour le transport des automobiles que des trucs à fond complètement plat, ayant une longueur intérieure minima de 6 mètres (1) et une largeur intérieure minima de $2^m,50$, dont les petits côtés et les grands côtés se rabattent (2).

Chaque voiture (automotrice ou remorque) exige un truc.

L'embarquement et le débarquement des voitures ont toujours lieu à quai, soit en bout, soit par le grand côté.

Le chargement et le déchargement à la grue ne doivent jamais être employés.

Les accessoires d'embarquement sont les mêmes que ceux employés pour les voitures du train des équipages.

Les automobiles sont calées sur le plancher des trucs comme les autres voitures. Elles doivent être fixées d'autant plus solide-

---

(1) Un petit nombre d'automobiles de poids lourd, de dimensions exceptionnelles, exigent des trucs d'une longueur de 7 mètres.

(2) Les trucs dont les grands côtés ne se rabattent pas doivent avoir, sur chaque face, une porte d'au moins 3 mètres, située vers l'extrémité du grand côté.

ment que leur poids est plus élevé. Si le brélage des voitures est nécessaire, les cordes employées à ce brélage ne doivent prendre appui que sur les roues, les longerons du châssis, ou la carrosserie, à l'exclusion de tout organe du mécanisme.

Avant l'embarquement, il n'est laissé dans les réservoirs que le combustible strictement nécessaire pour actionner le véhicule pendant les opérations d'embarquement.

Une fois ces opérations terminées, les réservoirs sont *soigneusement vidés*.

Embarquement à quai en bout (1).

Pour l'embarquement des voitures, placer un pont volant prenant appui d'un côté sur le plancher du truc et de l'autre sur le bord du quai. Lorsque les véhicules sont très lourds, faire porter en outre le pont volant sur des madriers disposés sur le quai, ou sur des traverses reposant sur les tampons.

L'embarquement des voitures automotrices à quai par le petit côté ne présente aucune difficulté.

Pour la manœuvre, les voitures sont actionnées par le moteur, et amenées sur le truc en marche avant.

Afin d'éviter que, par suite d'un accident de manœuvre (inhabileté du conducteur, mauvais fonctionnement d'un frein, etc...), la voiture vienne buter contre le rebord opposé à l'entrée, il y a lieu de placer des cales à 40 ou 50 centimètres en avant de ce rebord.

Les remorques des trains Renard ou autres sont successivement mises en place, propulsées par le locomoteur fonctionnant en marche arrière.

La dernière remorque est embarquée la première. Dès qu'une remorque est en place, elle est séparée de la voiture qui la précède. Pendant la manœuvre, la barre de direction est toujours tenue par un mécanicien qui guide chaque remorque sur son truc.

Les locomoteurs des trains Renard, ainsi que les camions-tracteurs, sont embarqués comme les autres voitures automotrices.

Les remorques de tracteurs ou de trains qui ne peuvent pas être actionnées par le moteur et guidées dans la marche arrière,

---

(1) Un certain nombre de quais en bout sont desservis par une plaque tournante dont les dimensions ne permettent pas la manœuvre de vagons ayant une longueur supérieure à 6 mètres et qui, par conséquent, ne peuvent pas être utilisés pour l'embarquement ou le débarquement d'automobiles de longueur exceptionnelle.

comme celles des trains Renard, sont embarquées dans les mêmes conditions que les voitures à quatre roues du train des équipages militaires.

L'embarquement des voitures dure :

De deux à trois minutes par voiture automotrice;

De quatre à cinq minutes par remorque de train Renard;

De six à huit minutes par remorque autre que les remorques d'un train à marche arrière comme le train Renard.

A cette durée d'embarquement, il y a lieu d'ajouter le temps de la manœuvre nécessaire pour amener les trucs au quai, soit en moyenne dix minutes par truc, c'est-à-dire par voiture.

Débarquement à quai en bout.

Comme pour l'embarquement, un pont volant est jeté entre le plancher du truc et le quai.

Les trucs portant une voiture automotrice doivent présenter au quai le petit côté correspondant à l'avant de la voiture pour que celle-ci puisse débarquer par la marche avant.

Les locomoteurs des trains Renard sont toujours débarqués avant leurs remorques qu'ils viennent atteler successivement pour les amener sur le quai.

La durée des opérations de débarquement est à peu près la même que celle des opérations d'embarquement.

Embarquement à quai par le grand côté.

Des ponts volants accolés sont jetés entre le plancher du truc et le quai, autant que possible sur toute la longueur du truc (1).

Les manœuvres nécessaires à l'embarquement des voitures automotrices sont effectuées par une équipe de 12 hommes comprenant les deux conducteurs de la voiture embarquée.

Les voitures automotrices sont amenées sur le truc actionnées par leur moteur et en marche avant; le conducteur est à la direction.

Pour franchir les ponts volants, l'axe de la voiture est placé aussi obliquement, par rapport à l'axe du vagon, que le permettent la largeur de ces ponts, ou, éventuellement, la largeur de l'ouverture pratiquée dans le grand côté.

Dès que les roues avant reposent sur le plancher du truc, elles

---

(1) Ou de l'ouverture, si le rebord ne se rabat pas entièrement.

sont braquées à droite (gauche), de manière à placer la voiture dans la position indiquée par la figure A (*Pl.* XLV).

Par des mouvements alternatifs de marche arrière et de marche avant, en braquant les roues directrices à droite (gauche) dans la marche avant et à gauche (droite) dans la marche arrière, la voiture est progressivement amenée dans la position indiquée par la figure B.

Lorsqu'il n'est plus possible ou qu'il devient dangereux d'effectuer ces mouvements à l'aide du moteur celui-ci est arrêté; les hommes de l'équipe se répartissent alors des deux côtés de la voiture et s'appliquent aux roues pour la manœuvre à bras, jusqu'à ce qu'elle soit placée dans l'axe du vagon.

Il faut environ :

Quinze minutes pour embarquer ainsi une voiture de tourisme; vingt-cinq minutes pour embarquer une automobile de poids lourd.

Les remorques, de quelque nature qu'elles soient (y compris les remorques des trains Renard), sont embarquées dans les mêmes conditions que les voitures à quatre roues du train des équipages militaires.

Débarquement à quai par le grand côté.

Le débarquement des voitures nécessite les opérations inverses de celles qui sont effectuées pour l'embarquement.

La durée du débarquement est à peu près égale à celle de l'embarquement.

*Instruction relative aux accessoires à employer pour
le transport des troupes et du matériel par voie ferrée.*

Paris, le 26 juillet 1912.

TABLE DES MATIÈRES

I. — BUT DE L'INSTRUCTION.

Les accessoires nécessaires à l'embarquement des troupes et
de leur matériel, à leur transport et à leur débarquement, ont
été partiellement indiqués et sommairement décrits dans l'instruction fixant les règles militaires relatives à l'exécution du
transport par chemin de fer des troupes de toutes armes.

La présente instruction a pour but de présenter, groupés, les renseignements concernant ces accessoires, nomenclature complète, description, approvisionnement et mode d'emploi de certains d'entre eux.

Les dispositions relatives à l'utilisation des accessoires pour les exercices du temps de paix et à leur entretien figurent aux divers chapitres de l'instruction relative aux exercices d'embarquement et de débarquement sur les chemins de fer.

II. — NOMENCLATURE ET CLASSEMENT DES ACCESSOIRES
DITS « D'EMBARQUEMENT ».

D'une manière générale, les accessoires d'embarquement se classent en deux catégories :

1° *Ceux dont les corps de troupe doivent être pourvus dès le temps de paix, comprenant :*

a) Les bottillons;

b) Les pitons, vrilles, cordeaux et cordes-poitrail;

c) Les plateaux en bois blanc, les bouts de madriers, les jarretières, les leviers de manœuvre de siège, les grandes cales de roues avec manches, les commandes de brêlage; ces accessoires restent en compte au service de l'artillerie;

d) Les accessoires spéciaux au matériel de siège ;

2° *Les accessoires fournis par les compagnies de chemins de fer et appartenant ou non au Département de la guerre, savoir :*

e) Les rampes mobiles (1) avec poulie;

f) Les ponts volants;

g) Les bancs mobiles et les lanternes;

h) Les cales en bois, les pinces à pied-de-biche, les marteaux, les clous et les prolonges;

i) Les seaux en toile;

Les bases sur lesquelles doivent être calculés les approvisionnements de la première catégorie sont celles indiquées dans les règles militaires relatives à l'exécution du transport par chemin de fer des troupes de toutes armes.

---

(1) Des rampes mobiles dites d'instruction sont mises à la disposition des corps de troupe pour les exercices du temps de paix.

III. — BOTTILLONS.

a) Description.

Les bottillons sont de deux sortes :

Les bottillons de chargement, destinés à amortir le choc des roues sur le plancher des trucs. Ces bottillons sont de forme cylindrique ; ils ont 0ᵐ,80 de long et sont reliés par trois liens ; on compte 7 k. 500 de paille pour un bottillon ; un bottillon de chargement doit avoir, dans ces conditions, 1ᵐ.25 de tour environ ;

Les bottillons de flèche, spéciaux aux unités d'artillerie, destinés à empêcher la volée de l'avant-train de frotter sur la flèche de l'affût et de dégrader la culasse. Ces bottillons doivent avoir 0ᵐ,80 de long et être reliés par deux liens en fil de fer. Un kilogramme de paille est nécessaire pour la confection d'un bottillon de flèche, qui dans ces conditions, doit avoir 0ᵐ,30 de tour environ.

b) Approvisionnement.

Les bottillons nécessaires à l'embarquement des unités ou détachements sont approvisionnés par les soins des corps chargés de la mobilisation du matériel roulant de ces formations.

L'approvisionnement est calculé d'après les bases indiquées par l'instruction relative à l'exécution du transport par chemin de fer des troupes de toutes armes.

Les bottillons sont confectionnés avec la paille fournie par l'administration militaire et mis en dépôt dans les magasins à fourrages soit en gestion directe, soit à l'entreprise, les plus à portée de chaque corps, contre reçu des comptables ou des entrepreneurs. Ceux-ci assurent la conservation des bottillons et doivent, le cas échéant, les remettre immédiatement à la disposition des corps sur la simple présentation de leur reçu et en échange de cette pièce.

Les corps dont les quartiers renferment des magasins à fourrages de distributions, qui ne sont pas utilisés complètement par le service courant, pourront être autorisés à conserver leurs bottillons dans ces magasins, si le commandant de corps d'armée le juge utile. En aucun cas, ces objets, essentiellement combustibles, ne pourront être placés dans les greniers ou autres locaux disponibles des bâtiments affectés soit au logement des hommes, soit aux accessoires de casernement. L'affectation d'un local quelconque aux dépôts des bottillons devra, d'ailleurs, faire l'objet d'un procès-verbal de convenance établi par la commission de casernement.

Les corps de troupe assurent eux-mêmes et à leur gré le renouvellement de ce matériel par l'emploi aux exercices du temps de paix ou en utilisant les bottillons de plus ancienne fabrication pour le couchage des réservistes et des territoriaux au moment des appels (1).

Les bottillons ainsi employés sont remplacés sur-le-champ au moyen de confections effectuées par les corps avec la paille nouvelle fournie par les magasins militaires. Cet échange ne donne lieu à aucune écriture.

Les liens en fil de fer nécessaires pour la confection des bottillons de flèche, s'ils ne peuvent être constitués avec le fil de fer provenant des balles de foin, seront achetés au compte de la masse de harnachement et de ferrage à laquelle incombent déjà les dépenses d'entretien et de réparation des voitures régimentaires des corps d'artillerie.

IV. — PITONS, VRILLES, CORDEAUX, CORDES-POITRAIL.

a) Description.

Pitons et vrilles. — Les pitons sont d'un modèle courant du commerce ; ils doivent présenter un œil suffisant pour recevoir soit une courroie de sac ou de paquetage, soit un cordeau de $0^m,003$ de diamètre.

Les vrilles, destinées à permettre le placement des pitons dans les parois des vagons, doivent avoir une dimension correspondante à celle des pitons.

Cordeaux. — Les cordeaux, employés au lieu de courroies pour maintenir les carabines contre les parois des vagons (disposition spéciale à la cavalerie) ont 1 mètre de longueur et $0^m,003$ de diamètre ; ils sont surliés à chacune de leurs extrémités.

Cordes-poitrail. — De la grosseur d'une corde à fourrage. Longueur 16 mètres.

---

(1) Voir l'instruction relative aux exercices d'embarquement et de débarquement sur les chemins de fer [art. 10, renvoi (1)].

b) Approvisionnement.

Les pitons, vrilles et cordeaux sont approvisionnés directement par les corps au compte de la masse des écoles pour toutes les unités ou détachements dont ils assurent la mobilisation en personnel.

Dans les sections de secrétaires d'état-major et du recrutement, de commis et ouvriers militaires d'administration et d'infirmiers militaires, qui n'ont pas de masses des écoles, la dépense d'achat de ces accessoires est imputée à la masse d'entretien et d'habillement (fonds communs).

Les cordes-poitrail destinées à l'embarquement des chevaux comptant à l'effectif de paix sont approvisionnées au compte de la masse de harnachement et de ferrage; celles qui sont destinées à l'embarquement des chevaux provenant de la réquisition sont fournies par l'État et figurent dans les approvisionnements de réserve.

Ces accessoires sont conservés dans les magasins des corps.

Les pitons, vrilles et cordeaux nécessaires pour les corps territoriaux des diverses armes sont achetés par les soins des corps actifs gestionnaires au compte du service de l'habillement.

V. — PLATEAUX EN BOIS BLANC, BOUTS DE MADRIERS, JARRETIÈRES, LEVIERS DE MANŒUVRE DE SIÈGE, GRANDES CALES DE ROUES AVEC MANCHE, COMMANDES DE BRÉLAGE.

a) Description.

Plateaux en bois blanc. — Les plateaux habituellement employés ont $0^m,60$ de longueur, $0^m,30$ de largeur et $0^m,06$ d'épaisseur.

Les plateaux spéciaux aux sections de parc pourvues de caissons de 90 transformés ont $0^m,30$ de long sur $0^m,15$ de large ; en ce qui concerne l'épaisseur, ces plateaux courts sont de deux modèles : les uns ont $0^m,08$ d'épaisseur, les autres $0^m,04$.

Bouts de madriers. — En sapin brut de sciage. Ont de $0^m,50$ à $0^m,75$ de longueur (Pl. I, *fig.* 3).

Jarretières. — Cordage de $0^m,012$ de diamètre. Longueur environ 3 mètres.

Le cordage est à quatre torons sans âme. Le chanvre doit être de première qualité, bien peigné et purgé de chénevottes. Le cordage est commis au quart ; son diamètre doit être uniforme dans toutes ses parties.

Les extrémités du cordage sont liées avec du fil écru sur 0^m,020 de longueur environ. Les ligatures sont encollées à la colle claire.

Leviers de manœuvre de siège. — Chêne de brin ou, à défaut, frêne, jeune chêne ou acacia d'un bon choix. Les dimensions transversales sont les mêmes dans les deux sens.

Les arêtes de la pince sont arrondies de 0^m,005 de rayon ; le levier est mis à huit pans au-dessus de la pince sur une longueur de 0^m,320; au delà, il est arrondi sur toute sa longueur (*Pl. I, fig. 1*).

Grande cale de roue avec manche. — Chêne. Les trous pour le manche sont cylindriques et doivent être percés exactement au diamètre indiqué sur le dessin (*Pl. I, fig. 2 et 4*).

En vue de permettre l'emploi des grandes cales sur les rampes à longrines d'acier dont le tablier est muni de poutrelles-guides, les trous placés sur la face postérieure de chaque cale sont inclinés sur le grand axe et sur la base de la cale.

Les manches de cale, en bois de frêne, de jeune chêne ou d'acacia d'un bon choix, tournés, doivent pouvoir être mis en place et retirés à volonté ; ils devront, en conséquence, être interchangeab es et, par suite, la partie conique devra être tournée exactement aux dimensions indiquées sur le dessin.

Commande de brêlage. — Corde de petit diamètre, prévue notamment pour le brêlage des pièces et des limonières des batteries de montagne.

b) Approvisionnement.

Ces accessoires sont fournis aux corps de troupe pour toutes les unités dont ils assurent la mobilisation du matériel roulant, par le service de l'artillerie; ils sont conservés avec les voitures à l'embarquement et au transport desquelles ils doivent servir.

VI. — Accessoires spéciaux au matériel de siège (1).

(*Pl. XXXII, XXXIII et XXXIV.*)

Les accessoires spéciaux au matériel de siège, conservés dans les arsenaux de l'artillerie, sont énumérés et décrits ci-après :

---

(1) Voir l'instruction spéciale sur les transports des troupes de l'artillerie à pied par chemin de fer pour la description des agrès utilisés pour l'embarquement et employés par l'artillerie à pied dans les manœuvres de force.

1° *Rampe mobile pour matériel de siège.* — Cette rampe se compose essentiellement d'un corps de support et d'un tablier formé de longrines sur lesquelles sont placés des madriers.

Le corps de support comprend deux supports proprement dits et une traverse ; ces trois pièces, dont la réunion constitue une sorte de chevalet qui sert d'appui aux longrines, sont entièrement métalliques.

Les supports sont formés chacun d'une semelle et de deux montants ; ces derniers sont percés de trous destinés à recevoir une cheville mobile sur laquelle repose l'une des extrémités de la traverse. Cette disposition permet de régler la hauteur de la partie antérieure de la rampe à la demande de celle des trucs.

La traverse est munie de deux crochets placés à ses extrémités ; ces crochets embrassent les chevilles mobiles et maintiennent ainsi l'écartement des supports.

Les longrines, au nombre de huit, sont des rails à patin de 6 mètres de longueur. Six de ces longrines, disposées parallèlement entre elles, forment l'armature qui supporte le tablier ; elles sont munies à leur extrémité antérieure d'un crochet destiné à les empêcher de glisser vers l'arrière et à maintenir, en outre, le premier madrier du haut de la rampe. Ces six longrines prennent appui sur la traverse et reposent sur un madrier convenablement enterré. Les deux autres longrines sont de simples rails qu'on place sur le tablier en regard des deux longrines inférieures extrêmes ; elles servent à assujettir les madriers au moyen de colliers de guindage et de coins de serrage.

Les madriers, au nombre de vingt-sept, sont en sapin; ils ont les mêmes dimensions que les madriers de plate-forme de siège de 155, type de 1880. Vingt-six forment le tablier de la rampe ; le vingt-septième est enterré et sert d'appui aux extrémités postérieures des longrines. Tous les madriers sont munis de tasseaux destinés à maintenir ceux du tablier à des intervalles égaux.

La stabilité de la rampe est assurée de la manière suivante :

Dans chaque support, la semelle est maintenue sur le sol par trois piquets à mentonnets en fer. En outre, une chaîne fixée par l'une de ses extrémités au crochet arrière du support et arrêtée, à l'autre extrémité, par un piquet à mentonnet enfoncé obliquement dans le sol, s'oppose au renversement en avant.

La partie antérieure de la rampe est reliée au truc au moyen d'un pont volant placé dans l'axe de la rampe et de deux ponts mobiles en fer en U, disposés de part et d'autre de ce dernier.

Les ponts mobiles sont destinés au passage des roues entre la rampe et le truc dans les opérations d'embarquement et de débarquement. On règle leur écartement suivant la voie des voitures à embarquer.

Montage de la rampe.

Niveler et damer le terrain à l'emplacement que doivent occuper les semelles de supports.

Placer les supports, les crochets de chaîne de retraite du côté opposé à la voie et mettre les chevilles mobiles à 45 centimètres environ au-dessous du niveau du rebord du truc (ou du plancher du truc, si les bords se rabattent).

Poser la traverse sur les chevilles, les crochets embrassant ces dernières. Appuyer sur la traverse, par l'extrémité munie d'un crochet, les deux longrines extrêmes et laisser reposer sur le sol l'autre extrémité qui marque le seuil de la rampe.

Enterrer un madrier placé à plat, de manière à y faire reposer l'extrémité de ces deux longrines (1).

Disposer à intervalles égaux, entre les deux longrines déjà placées, les quatre autres longrines munies de crochets, leur extrémité inférieure reposant sur le madrier enterré.

Établir le tablier en commençant par le haut de la rampe. Rapporter, s'il y a lieu, de la terre contre le madrier inférieur.

Placer sur le tablier les deux longrines non munies de crochets au-dessus des longrines inférieures extrêmes; placer les colliers de guindage et les assujettir chacun à l'aide de deux coins.

Enfoncer dans le sol six piquets à mentonnet (un de chaque côté des semelles de supports et un en arrière de ces semelles) jusqu'à ce que le mentonnet touche la semelle. Fixer les deux chaînes de retraite de supports à deux piquets enfoncés obliquement dans le sol.

2° *Pont volant pour matériel de siège* (*Pl. XXXIII*). — Ce pont se compose de huit madriers en chêne réunis par trois traverses, dont une en bois et deux en fer en U, et par un sabot en tôle d'acier. Il est muni de deux griffes en fer.

On peut employer également un demi-pont volant construit

---

(1) Lorsqu'on embarque par le petit côté des trucs, on fait simplement reposer les longrines sur une traverse de la voie.

de la même manière, mais avec quatre madriers au lieu de huit ;

3° *Coin-rampe.* — Le coin-rampe est muni de deux poignées et renforcé par un sabot ;

4° *Chaîne de levage.* — Cette chaîne est munie d'un crochet à chaque extrémité ; on y remarque un grand anneau au milieu et deux grandes mailles. Elle est accompagnée d'une traverse d'écartement ;

5° *Plateau de pointe.* — Les plateaux de la pointe de chèvre n° 1 (modèle 1875) affectés au matériel pour l'embarquement des équipages de siège, sont rehaussés au moyen d'une semelle fixée par six boulons au plateau de pointe, de façon que l'épaisseur totale se trouve de 27 centimètres.

6° *Chaîne de retenue.* —

VII. — GÉNÉRALITÉS SUR LES RAMPES MOBILES ET LES PONTS VOLANTS DE CAMPAGNE.

Les rampes mobiles sont utilisées pour exécuter l'embarquement ou le débarquement des chevaux et du matériel lorsque ces opérations ne peuvent se faire à quai. Les plates-formes ou cours aux marchandises qui se prêtent à l'emploi des rampes sont dénommées *chantiers d'embarquement* ou *de débarquement.*

Les rampes en usage sont la rampe mobile à longrines en fer et la rampe mobile à longrines en acier (modèle 1888) accompagnées chacune d'une poulie. Elles ont une résistance suffisante pour servir à l'embarquement ou au débarquement des voitures militaires dont le poids total ne dépasse pas 2.600 kilogr.

Dans le cas où on ne disposerait d'aucune rampe du modèle réglementaire, on peut recourir à l'emploi soit d'une rampe de circonstance dite *rampe de fortune,* dont les supports sont habituellement constitués avec des rails, soit de ponts roulants simples ou jumelés tels que ceux utilisés par la compagnie du Nord.

La description de ces rampes, leur montage et leur chargement font l'objet des paragraphes VIII, IX et XI ci-après.

Des dispositions sont prises par le service militaire des chemins de fer pour que les troupes trouvent, en cas de mobilisation, dans les gares où elles doivent s'embarquer ou débarquer, les rampes et les ponts volants nécessaires à leur embarquement ou à leur débarquement. Ces ponts volants peuvent être du modèle en usage dans les compagnies de chemins de fer ou du modèle spécial décrit ci-après, paragraphe XIII, qui peut servir comme les rampes à l'embarquement ou au débarquement des voitures militaires dont le poids ne dépasse pas 2.600 kilogr.

Des rampes mobiles dites d'instruction sont mises en tout temps à la disposition des commandants de corps d'armée pour l'exécution des exercices du temps de paix. Ces rampes, réparties par leurs soins suivant les besoins des diverses garnisons, peuvent être éventuellement utilisées en cas de mobilisation, et doivent, en conséquence, être conservées en parfait état d'entretien par les soins des corps qui les ont en dépôt.

Les rampes de mobilisation sont, en général, placées en dépôt sur certains points des réseaux ferrés. Elles ne peuvent être utilisées pour les exercices du temps de paix qu'avec l'autorisation du Ministre.

VIII. — RAMPE MOBILE A LONGRINES EN FER (*Pl.* III ET IV).

Description.

Cette rampe comprend :

1° Deux longrines en fer, à double T, de 5 mètres de longueur, ayant à l'une de leurs extrémités des griffes par lesquelles elles s'appuient sur le bord du vagon ;

2° Quinze planches destinées à former le tablier ;

3° Une seizième planche, échancrée d'un côté à ses deux extrémités, et qui est utilisée pour remplacer la planche supérieure de la rampe pour l'embarquement dans les vagons couverts ou sur des trucs en utilisant la porte de ceux-ci ;

4° Une poulie de renvoi.

Les planches sont du même modèle que celles qui servent de siège aux hommes dans les vagons à marchandises ; elles ont $0^m,05$ d'épaisseur, $0^m,30$ de largeur et $2^m,40$ de longueur.

Elles sont maintenues sur les longrines de telle façon que l'écartement entre les arêtes de deux planches consécutives soit de $0^m,04$.

Dans ce but, les longrines sont munies de crochets alternativement fixes et mobiles, qui servent à régler l'écartement des planches, et à empêcher qu'elles ne se déplacent.

Les crochets mobiles peuvent tourner de façon à s'effacer pour permettre la mise en place des planches, et se déplacer de $0^m,005$ dans le sens de leur hauteur pour racheter un gauchissement possible du bois.

Les crochets fixes n'ont que le jeu vertical de $0^m,005$.

Les deux crochets des extrémités sont complètement fixes.

La résistance de la rampe lui permet de porter toutes les voitures de l'artillerie de campagne, sans ôter les avant-trains, mais on doit avoir l'attention de placer les longrines à un écartement aussi rapproché que possible de la voie du véhicule à charger.

La poulie de renvoi est destinée à faciliter la manœuvre. On l'accroche au véhicule et l'on y fait passer la prolonge qu'on attache par une de ses extrémités au vagon, tandis que les hommes saisissent l'autre extrémité.

Les accessoires prévus à l'article 5 des règles militaires relatives à l'exécution des transports sont également nécessaires pour la manœuvre en pleine voie.

Poids de la rampe à longrines en fer : 750 kilogrammes.

Montage d'une rampe. — Pour le montage d'une rampe à longrines en fer, il est nécessaire de disposer d'une équipe de huit hommes qui opèrent dans l'ordre suivant :

Deux hommes sont employés exclusivement au déchargement des pièces amarrées sur le vagon.

Six hommes transportent ces pièces à l'endroit où doit être montée la rampe.

Chaque longrine en fer, portée par trois hommes, est placée par son extrémité recourbée sur le bord du vagon, l'autre extrémité reposant sur le sol.

Un écartement de 1^m,20 doit être maintenu entre les deux longrines.

On pose ensuite le tablier de la rampe, en procédant de la manière suivante :

Deux hommes, placés chacun près d'une longrine et à l'extérieur de l'appareil, reçoivent successivement par leurs extrémités les planches apportées par les quatre hommes disponibles (chacun d'eux portant deux planches).

La première planche (planche échancrée) est placée par les deux hommes précités, à la partie supérieure des deux longrines, sous les branches du premier et du deuxième crochet qui ont été préalablement tournées dans le sens transversal, afin de permettre l'introduction de la planche, la partie échancrée du côté de la voie (1).

---

(1) Cette planche échancrée est remplacée par une planche ordinaire et reste sans emploi, lorsque l'on doit opérer des embarquements de voitures sur des trucs sans utiliser la porte de ceux-ci.

La deuxième planche est placée contre la première, sous les branches du deuxième et du troisième crochet. La mise en place des autres planches se continue ainsi jusqu'à la quinzième, complétant le tablier de la rampe.

Cette opération une fois terminée, on tourne les branches des crochets dans le sens de la longueur des longrines, afin d'emboîter et de maintenir rigide le tablier.

L'appareil ainsi monté, les planches doivent dépasser de 0^m,60 le côté extérieur de chacune des longrines.

Le montage d'une rampe, exécuté par une équipe de huit hommes, doit pouvoir s'effectuer aisément en trois minutes.

IX. — RAMPE MOBILE A LONGRINES EN ACIER (MODÈLE 1888 OU MODÈLE 1888 RENFORCÉ). (*Pl.* V.)

Cette rampe comprend :

1° Deux longrines en acier ;

2° Quatre panneaux munis de poutrelles-guides (deux panneaux extrêmes et deux panneaux intermédiaires interchangeables deux à deux), les panneaux extrêmes se distinguant des autres par l'élargissement de l'intervalle des poutrelles-guides et par les tôles de protection qui les terminent ;

3° Un bout de madrier pour le montage sur les vagons couverts.

Dans la rampe modèle 1888 renforcé, les patins des longrines et les panneaux inférieurs ont reçu un renforcement spécial en vue d'augmenter la solidité de cet engin.

Poids de la rampe : 563 kilogr. environ pour la rampe simple.

Poids de la rampe : 587 kilogr. environ pour la rampe renforcée.

On se sert avec cette rampe d'une poulie pour les embarquements et les débarquements du matériel, comme avec la rampe à longrines en fer.

Montage d'une rampe. — Pour monter la rampe sur un vagon, deux hommes enlèvent les longrines et les appuient du côté des griffes sur le seuil de la porte du vagon ; s'il s'agit d'un vagon couvert, les longrines sont placées contre les montants des ouvertures, et s'il s'agit d'un vagon plat, on les met à peu près à un écartement de 1^m,75 et leur position est rectifiée, s'il y a lieu, au moment où l'on pose les panneaux, de manière que ces longrines se trouvent à peu près à l'aplomb des poutrelles-guides.

Les panneaux, manœuvrés chacun d'eux par deux hommes, sont posés ensuite sur les longrines en commençant par le bas et en ayant soin d'engager la tôle de protection du panneau inférieur dans les griffes des longrines; ces panneaux s'emmanchent les uns dans les autres par les tenons et les mortaises qui terminent les poutrelles-guides.

Quand la rampe est montée sur un vagon couvert pour l'embarquement des chevaux, on ajoute à la partie supérieure le madrier spécial qui s'engage entre les montants de l'ouverture du vagon, repose sur le seuil et remplit l'espace laissé vide entre la rampe et le vagon.

X. — POULIES POUR RAMPES A LONGRINES.

Les poulies universelles qui accompagnent les rampes à longrines sont, pour les poulies établies depuis 1895, de deux types principaux : les poulies modèle 1895 et les poulies modèle 1900.

Poulie modèle 1895.

Elle se compose :

1° D'un rouet en fonte de $0^m,260$ de diamètre et de $0^m,080$ de largeur à gorge angulaire, percée de trous ;

2° D'une chape simple en fer ayant un passage suffisant pour permettre l'usage des cordages du matériel de l'artillerie et des équipages avec leurs ferrures.

Cette chape est munie à sa partie inférieure d'un crochet en fer.

La poulie et la chape sont réunies au moyen d'un axe terminé à l'une de ses extrémités par une tête formant épaulement sur la chape et de l'autre par une rondelle mobile arrêtée par une goupille.

Le poids total de la poulie est de 14 kgr. 500 environ.

Poulie modèle 1900. (*Pl.* VI.)

Elle se compose :

1° D'un rouet en fonte douce de $0^m,200$ de diamètre et de $0^m,070$ de largeur à gorge arrondie de $0^m,045$ de diamètre pour faciliter le passage des cordages. Le noyau du rouet est formé d'une partie pleine de $0^m,010$ d'épaisseur, renforcée par six nervures rayonnantes de $0^m,010$ de largeur. Un trou graisseur est aménagé sur le moyeu ;

2° D'une chape simple en acier extra-doux (ou en fer de 2° catégorie) ayant un passage suffisant pour permettre l'usage des cordages du matériel de l'artillerie et des équipages avec leurs ferrures ;

3° D'un crochet de même métal que la chape et réuni avec celle-ci au moyen d'un écrou.

La tige du crochet a une section circulaire de 0ᵐ,026. Le bec du crochet est formé à l'extérieur par une hémisphère de 0ᵐ,130 de diamètre, sa section est aplatie de façon à présenter, dans sa partie moyenne, à la surface extérieure. une largeur de 0ᵐ,032 et à l'extérieur une largeur de 0ᵐ,016 et, suivant le rayon, une épaisseur de 0ᵐ,047.

L'extrémité libre du bec a 0ᵐ,014 de diamètre, l'ouverture du bec du crochet a 0ᵐ,042 à son extrémité et 0ᵐ,047 de diamètre dans sa partie circulaire ;

4° D'un axe de 0ᵐ,025 de diamètre traversant la chape et le rouet. Cet axe est terminé à une de ses extrémités par une tête formant épaulement sur la chape et de l'autre par une rondelle mobile arrêtée par une goupille double.

Le poids total de la poulie est d'environ 12 kilogr.

Cet engin peut servir au chargement de toutes les voitures militaires qui sont embarquées avec les rampes à longrines

XI. — RAMPE DE FORTUNE. (*Pl. VII.*)

Dans le cas où on ne disposerait d'aucune rampe du modèle réglementaire, on pourrait se servir d'une rampe de circonstance se composant :

1° De deux rails à patins placés de champ;

2° D'un plancher formé avec les madriers des bancs d'aménagement des vagons affectés au transport des hommes.

Le plancher est assujetti sur les rails au moyen de cordes-poitrail doublées, entourant d'un tour et, de temps à autre, de deux tours les rails et les madriers. Elles sont arrêtées par des nœuds de distance en distance.

Le ressaut formé par les rails au-dessus du plancher du vagon et le vide occasionné par l'épaisseur de la porte doivent être rachetés au moyen de bottillons et de bouts de madriers.

Avec des rails de 6 mètres, la construction de la rampe exige 18 madriers de bancs et 8 cordes-poitrail.

L'écartement des rails est limité par la largeur de la porte pour le chargement des vagons couverts. L'écartement ainsi déterminé convient également pour le chargement sur trucs.

Le montage de la rampe peut se faire en vingt minutes environ ; vingt hommes répartis de chaque côté peuvent la transporter montée.

A défaut de rails à patins, on peut se servir de rails à double champignon. Lorsque les deux champignons ont le même diamètre, la rampe peut être montée avec les rails à plat. Pour l'utiliser dans ces conditions au chargement du matériel, il est nécessaire de la renforcer par un troisième rail placé au milieu. Ce dernier pourra ne pas être brûlé.

XII. — PONTS ROULANTS DES COMPAGNIES DE CHEMINS DE FER.

Sur certains réseaux, l'embarquement et le débarquement des chevaux et des bestiaux se fait au moyen de ponts montés sur deux roues.

A défaut de rampes des modèles réglementaires, ces engins peuvent être utilisés pour l'embarquement ou le débarquement des chevaux.

Jumelés au moyen d'étriers métalliques, ils peuvent servir à l'embarquement et au débarquement des voitures militaires des unités de campagne.

Leur emploi, nécessitant un calage et un amarrage au sol assez délicats, devra être entouré de précautions spéciales qui seront indiquées au commandant de l'unité par le personnel de la gare.

XIII. — TRANSPORT DES RAMPES MOBILES. (*Pl.* XLVI.)

Le transport des rampes mobiles s'effectue généralement au moyen de vagons plats, à raison de dix rampes à longrines en fer ou de cinq rampes à longrines d'acier par vagon.

Exceptionnellement, on peut être amené à employer pour les transports des rampes mobiles les vagons d'un train militaire déjà chargés du matériel roulant appartenant aux unités à débarquer.

Les conditions dans lesquelles s'opère le chargement des rampes mobiles sont indiquées ci-après :

a) *Chargement normal des rampes à longrines en fer* (voir pl. XLVI).

Le chargement des pièces doit s'opérer rigoureusement dans l'ordre indiqué par la planche XLVI, lequel permet l'enlèvement successif de chaque rampe, sans compromettre la sécurité du chargement des autres pièces restant sur le vagon.

Le nombre d'hommes nécessaire au chargement sur vagon des rampes à longrines en fer est subordonné à la quantité d'appareils à expédier. Toutefois, ce nombre ne peut être inférieur à dix hommes, reconnus indispensables pour le chargement d'une seule rampe, et dont le travail est réparti comme il suit :

Deux hommes sont placés à l'intérieur du bâtiment où sont emmagasinées les rampes, pour dégager sur les piles les planches en sapin formant le tablier. Les longrines en fer sont enlevées directement par les hommes chargés de leur transport au vagon.

Deux autres hommes transportent les pièces du bâtiment sur le vagon. Ils commencent par placer de la manière suivante les seize madriers formant le tablier de la première rampe.

La première et la dernière des cases formées par les traverses du plancher du vagon étant occupées par les poulies en fer, comme il est dit ci-dessous, les cases restantes recevront les seize madriers placés deux par deux l'un sur l'autre dans le sens perpendiculaire à la voie.

Les hommes déposeront ensuite, dans le sens de la voie, comme l'indique le croquis, dix longrines de chaque côté du vagon, puis dans l'espace intermédiaire, les 144 madriers formant les tabliers des neuf autres rampes.

Des poulies en fer seront placées aux extrémités du vagon dans l'espace vide compris entre le rebord du vagon et la traverse du plancher voisin.

On procédera ensuite à l'arrimage des pièces au moyen des deux prolonges accompagnant chaque vagon.

b) *Chargement normal des rampes à longrines en acier.*

On peut charger :

Cinq rampes à longrines en acier, modèle 1888, sur les trucs ayant au moins $2^m,26$ de largeur intérieure et $5^m,35$ de longueur intérieure.

Le chargement des pièces doit s'opérer conformément aux dispositions indiquées par la planche XLVI, lesquelles dispositions permettent l'enlèvement successif de chaque rampe sans compromettre la sécurité du chargement des autres pièces restant sur le vagon.

Les plateaux forment deux piles, semblables et accolées, placées dans l'axe du vagon, les longrines sont également réparties latéralement de part et d'autre de ces piles.

Une longrine peut être placée au-dessus des deux piles de plateaux pour consolider l'arrimage.

Dix hommes sont nécessaires pour le chargement d'un truc.

Deux hommes sont placés dans le magasin pour dégager les différentes pièces à charger.

Deux hommes transportent les longrines.

Deux hommes transportent les panneaux.

Quatre disposent le chargement sur le truc.

Toutes les pièces sont maintenues au moyen de quatre prolonges dont deux en long et deux en travers. Ces prolonges sont fixées au truc. Toutefois, si le truc employé ne porte aucun moyen d'attache qui puisse être utilisé pour les prolonges mises en travers, on se contente d'entourer solidement le chargement avec ces dernières.

c) *Chargement exceptionnel des rampes mobiles.*

Si les circonstances ne permettent pas de transporter par vagon spécial des rampes à charger sur un train militaire, ces engins sont placés sur les vagons plats portant déjà du matériel, en répartissant les longrines, les madriers ou les plateaux, suivant les facilités qu'offre le chargement de ces vagons.

Les longrines peuvent être placées facilement le long des grands côtés des trucs, en les glissant par une de leurs extrémités, sous les cordages qui relient le chargement au vagon.

Les madriers ou les plateaux et les poulies peuvent trouver place sur le fond des vagons soit entre les roues des voitures, soit dans les espaces laissés libres par le chargement.

On choisira, de préférence, pour le chargement des madriers ou des plateaux des rampes mobiles, les vagons portant des voitures à quatre roues (fourgons, chariots de batterie, forges, fourragères, prolonges, haquets, etc...).

Il est d'ailleurs loisible d'employer, en pareil cas, toutes les dispositions qui permettent d'effectuer le chargement de ces engins, sans occasionner de dégradations au matériel déjà chargé, sans nuire à la solidité et à la sécurité du chargement, et sans qu'il en résulte du retard pour la mise en marche des trains.

XIV. — PONTS VOLANTS.

Ces accessoires peuvent servir soit à l'embarquement direct à quai des chevaux et du matériel, soit à relier les trucs entre eux, pour le passage du matériel d'un truc sur l'autre.

Les ponts volants que les compagnies de chemins de fer sont tenues de mettre à la disposition des troupes pour les embarquements ou débarquements en chemins de fer peuvent être soit des modèles adoptés pour leur service commercial, soit de l'un des modèles approvisionnés aux frais du Département de la guerre, et notamment du modèle 1880 (*Pl.* II), dont la description et l'emploi sont indiqués ci-après :

Description du pont volant modèle 1880.

Ce pont se compose de deux fers à T, matricés en forme de griffe à leurs extrémités et reliés par un plancher formé de six bouts de madriers de $0^m,04$ d'épaisseur, distants entre eux de $0^m,010$ à $0^m,015$; les deux madriers extrêmes sont en chêne, les quatre autres en sapin. Les fers à T sont reliés à chacun des deux madriers en sapin par quatre rivets, et à chacun des deux madriers en chêne par six vis à bois. Enfin, une plaque de tôle destinée à recevoir les premiers chocs des voitures embarquées est fixée sur les griffes à chaque extrémité du pont.

Dimensions :

Largeur. . . . . $0^m,70$
Longueur. . . . . $1^m,40$
Poids. 50kg

Emploi du pont volant modèle 1880.

1° Pour l'embarquement des chevaux :

Deux ponts jointifs sont nécessaires. En général, ils seront maintenus latéralement par les parois du vagon, de telle sorte que les chevaux, en les franchissant, ne pourront pas les déplacer. Il y a lieu, toutefois, de remarquer que la largeur de l'ouverture des vagons à chevaux n'est pas la même pour toutes les compagnies de chemins de fer. Il a fallu, dès lors, donner à l'extrémité des ponts volants des dimensions permettant à un couple de ces appareils de s'adapter aux portes les plus étroites;

2° Pour l'embarquement du matériel de quai à truc :

Deux ponts suffisent, et chacun d'eux doit recevoir en son milieu la roue de la voiture. Ils devront donc être disposés de façon à avoir d'axe en axe un écartement égal à la voie du matériel embarqué;

3° Pour le passage du matériel d'un truc sur l'autre :

Pour réunir les trucs entre eux, il est prudent de se servir de trois ponts jointifs. Dans le cas d'un embarquement de nuit, cette dernière précaution doit être considérée comme indispensable.

XV. — Bancs mobiles et lanternes.

Les approvisionnements de bancs mobiles et de lanternes destinés à l'aménagement des vagons couverts à marchandises pour le transport des hommes et des chevaux ont été constitués par les soins du service militaire des chemins de fer en vue des besoins de la mobilisation.

Ce matériel, dont le remisage, le gardiennage, l'entretien et le renouvellement éventuel sont assurés par les compagnies de chemins de fer, est mis en œuvre par elles.

Les corps n'ont, en principe, qu'à s'assurer, au moment d'un embarquement, de son existence, de son mode de placement et de son état.

Les dispositions suivant lesquelles sont établis les bancs mobiles ainsi que leur mode de placement dans les vagons circulant sur les lignes à voie normale sont indiqués par les planches IX, X, XII, XIII, XIV, XV et XVI.

Pour les lignes à voie étroite, il a été constitué également un matériel spécial de bancs mobiles dont les dispositions sont appropriées à celles du matériel roulant.

Les lanternes sont destinées à l'éclairage des vagons à marchandises couverts employés pour le transport des hommes et des chevaux. Elles sont, en général, du type indiqué à la planche XI.

XVI. — Petites cales en bois, pinces a pied-de-biche, marteaux, clous et prolonges.

Ceux de ces accessoires employés pour consolider les chargements des trucs, après que le matériel a été embarqué, sont mis en place ou en service par les agents du chemin de fer auxquels incombe le soin de caler les roues des voitures et de prolonger les éléments du chargement. C'est également à ces agents qu'il appartient, avant le débarquement, d'enlever les prolonges et de décaler les roues des voitures en utilisant pour cette dernière opération certains des accessoires énumérés ci-dessus.

XVII. — Seaux en toile pour abreuver les chevaux.

Ces seaux sont du modèle réglementaire. La contenance est de 13 litres.

Les compagnies de chemins de fer ont pris l'engagement d'adopter ce modèle comme seau d'incendie, au fur et à mesure des remplacements ; elles fourniront alors les seaux d'abreuvoir ; mais en attendant que ces remplacements aient pu être effectués, ces seaux seront fournis par l'administration militaire.

XVIII. — Abrogation des dispositions antérieures.

L'instruction du 30 mai 1904 portant description d'accessoires servant à l'embarquement et au débarquement des chevaux et du matériel par voie ferrée et toutes les dispositions contraires à la présente instruction sont abrogées.

Paris, le 26 juillet 1912.

Le Ministre de la guerre,
A. MILLERAND.

*Instruction relative aux exercices d'embarquement
et de débarquement sur les chemins de fer.*

Paris, le 26 juillet 1912.

TABLE DES MATIÈRES

CHAPITRE PREMIER.

PRINCIPES GÉNÉRAUX.

Observation des prescriptions réglementaires.

Art. 1er. Les troupes de toutes armes sont exercées à l'embarquement et au débarquement sur les voies ferrées.

Ces exercices qui présentent une grande importance au point de vue de l'instruction, ont pour but de mettre les unités de transport en état d'exécuter avec ordre, célérité et sécurité l'embarquement ou le débarquement des hommes, des chevaux ou des voitures; de leur éviter des pertes de temps ou des fausses manœuvres tant au départ qu'à l'arrivée; enfin d'assurer l'accomplissement des opérations réelles d'embarquement ou de débarquement dans les délais normaux.

Ce but ne peut être atteint que par une stricte observation des mesures de détail prescrites par l'instruction fixant les règles militaires relatives au transport par chemin de fer des troupes de toutes armes. Les procédés indiqués par cette instruction ont pour eux la sanction prolongée de l'expérience et devront donc être scrupuleusement suivis. Il est interdit de s'en écarter toutes les fois que la disposition des gares où s'exécuteront les exercices ne l'exigera pas d'une manière absolue.

Exécution des embarquements et débarquements en cas de mobilisation.

Art. 2. Les commandants d'unités étant responsables des effectifs de la troupe sous leurs ordres, et de leur arrivée à l'armée, le sont aussi, par suite, de l'achèvement des opérations d'embarquement ou de débarquement dans les délais qui leur sont assignés. Il leur appartient, dans ces conditions, d'assurer l'instruction préalable de leur troupe, de manière à être toujours en état d'exécuter l'embarquement ou le débarquement dans les délais normaux.

Développement à donner aux exercices.

Art. 3. L'embarquement des hommes ne comprend qu'un petit nombre d'opérations, d'ailleurs simples et d'un mécanisme facile à apprendre; celui des chevaux exige, pour être fait rapidement, une préparation plus longue et un dressage complet de ces animaux. Enfin, celui des voitures nécessitera des exercices d'autant plus répétés que le nombre de ces voitures, dans chaque unité, et, par suite, celui des hommes à former seront plus considérables.

L'infanterie étant aujourd'hui pourvue, en cas de mobilisation, d'un grand nombre de chevaux et de voitures devra être, comme l'artillerie, le génie et le train des équipages, très exercée à effectuer rapidement l'embarquement des animaux et du matériel.

Division de l'instruction.

Art. 4. Indépendamment de l'instruction théorique donnée aux officiers et sous-officiers au sujet de l'application des règlements sur les transports ordinaires et les transports stratégiques, l'ensemble de l'instruction pratique se divise en trois parties distinctes :

1° Les exercices préparatoires;
2° Les exercices d'ensemble;
3° Les exercices spéciaux.

CHAPITRE II.

EXERCICES PRÉPARATOIRES.

But des exercices.

Art. 5. Les exercices préparatoires ont pour but l'instruction individuelle des hommes et des chevaux. Ils sont toujours exécutés par petits groupes, à l'exclusion de toute séance d'ensemble, *d'abord en dehors des gares, puis dans les gares*, et comprennent, *pour toutes les armes*, la confection ou l'emploi des accessoires, les dispositions préparatoires à l'embarquement, le fractionnement de la troupe, l'embarquement et le débarquement des hommes, des chevaux et des voitures, le mode de relèvement des harnais, etc. Le nombre de ces exercices est réduit au strict nécessaire.

Dispositifs d'embarquement.

Art. 6. Pour donner cette instruction en dehors des gares, on installe dans les petits polygones, dans les cours des quartiers et des casernes ou dans tout autre terrain disponible, les dispositifs décrits ci-après. Les prescriptions concernant l'imputation des frais d'établissement et d'entretien de ces dispositifs font l'objet de l'article 35 du chapitre VI.

a) Vagon plat pour l'embarquement et le débarquement du matériel.

Pour figurer un vagon plat, on formera un cadre rectangulaire de 2^m,20 de largeur et de 6 mètres de longueur, avec des madriers posés de champ. Afin de pouvoir à volonté faire varier la longueur intérieure du cadre entre 5^m,40 et 6 mètres, les madriers des petits côtés seront simplement glissés dans des rainures formées au moyen de taquets cloués de distance en distance sur les faces intérieures des madriers des longs côtés.

À l'intérieur du cadre, on placera, de mètre en mètre, perpendiculairement aux longs côtés, des traverses saillantes de 0^m,12 environ d'équarrissage, établies de manière à pouvoir être enlevées à volonté.

Deux cadres seront placés à la suite l'un de l'autre, les petits côtés se faisant face, à un mètre de distance.

En supprimant le petit côté intérieur de l'un des deux cadres et en déplaçant le petit côté intérieur de l'autre cadre, on pourra simuler un truc de longueur variant entre 6 mètres et 13 mètres.

Un fossé d'un mètre de largeur au sommet et d'un mètre de profondeur, sera creusé tout autour de l'espace occupé par les deux cadres; on figurera ainsi le vide existant entre les wagons et les quais d'embarquement qui se trouveront ainsi représentés par le terrain naturel.

Ce dispositif fournira le moyen d'appliquer les règles posées pour le chargement et le déchargement du matériel dans les différents cas prévus par le règlement et en se plaçant dans les conditions très variables qui peuvent se présenter dans la pratique.

Si les dispositions locales permettent de placer un des côtés à 1 mètre au-dessus du terrain, on en profitera pour exercer les troupes à l'embarquement et au débarquement du matériel à l'aide de rampes mobiles.

Tous les corps ne pouvant être pourvus en permanence de rampes mobiles, ceux qui n'en auront pas à leur disposition les remplaceront par une rampe en terre battue ayant une pente d'un cinquième environ et une largeur de 2^m,50.

b) Vagon couvert pour l'embarquement et le débarquement
des chevaux.

On établira sur le sol assaini un plancher de 5ᵐ,60 de lon·
gueur sur 2ᵐ,50 de largeur, formé de madriers posés sur des
poutrelles. Autour de ce plancher, on élèvera une cloison de
2 mètres environ de hauteur, interrompue, au milieu de cha·
que côté, sur une largeur de 1ᵐ,50 figurant l'entrée du vagon.

La caisse ainsi formée sera recouverte d'une toiture légère (1).

Deux anneaux placés à 1 mètre de hauteur au-dessus du plan·
cher, dans les montants des portes, serviront à fixer les cordes-
poitrail. Les longes seront attachées à d'autres anneaux placés
aux traverses du plafond.

En avant de chacun des longs côtés, on tracera un fossé d'un
mètre de largeur au sommet et d'un mètre de profondeur, comme
cela est indiqué ci-dessus.

Si les dispositions locales permettent de placer un des longs
côtés à un mètre au-dessus du terrain en avant, on pourra
exercer la troupe à l'embarquement et au débarquement des che·
vaux sur rampes.

c) Vagon aménagé pour l'embarquement des hommes.

Des cadres rectangulaires de 2ᵐ,40 de large et d'une longueur
variant entre 5ᵐ,80 et 9 mètres, figurés sur le sol d'une manière
quelconque (à la pioche ou avec des cordeaux) et tracés à un
mètre de distance les uns des autres, suffiront pour faire com-
prendre aux hommes les dispositions relatives au fractionnement
et à l'embarquement de la troupe.

Pour enseigner le placement des sacs et le mode d'attache des
armes dans les wagons, on installe un dispositif de madriers verticaux représentant une portion de petit côté de wagon à marchandises; on garnit le cadre avec des bancs du casernement.

Exécution des exercices dans les gares.

Art. 7. Les chefs de corps ou de détachement s'entendent avec

---

(1) Ce dispositif peut être réalisé économiquement de la manière suivante : former les parois verticales d'un châssis léger (poutrelles de 6/6
d'équarissage ou simples rondins) sur lequel on cloue des panneaux en
carton bitumé. Faire une toiture dans les mêmes conditions (*Pl.* XLVII).
Le plancher peut à la rigueur être réduit à la longueur de deux mètres,
sur la largeur du wagon figuré entre les deux portes.

Le châssis, ainsi établi, peut être démonté pour être conservé en magasin en dehors des périodes d'exercices.

les chefs de gare locaux pour qu'un ou plusieurs vagons à marchandises (truc ou vagon couvert) soit mis à leur disposition toutes les fois qu'il sera possible, afin de compléter l'instruction préparatoire au point de vue de l'embarquement et du débarquement des chevaux et des voitures.

Les exercices ne devant entraîner pour les compagnies de chemins de fer ni dépense ni trouble dans leur service habituel (1), cette entente directe est indispensable pour que les corps puissent profiter de toutes les occasions dans lesquelles des vagons, disponibles dans les gares, peuvent être utilisés pour l'instruction.

Les dégradations survenues pendant les exercices au matériel des compagnies de chemins de fer sont constatées et payées comme il est dit au chapitre VI ci-après.

Emploi des accessoires d'embarquement.

Art. 8. On emploie, au cours des exercices préparatoires exécutés soit avec les dispositifs précités, soit dans les gares de chemins de fer, les accessoires d'embarquement réglementaires (rampes, ponts volants, cales, plateaux en bois blanc, bouts de madriers, cordes-poitrail, bottillons, cordeaux, etc.).

Les rampes mobiles seront utilisées pour les exercices dans les cours de marchandises des gares en dehors des quais.

La fourniture, l'entretien et le remplacement de ces accessoires sont effectués d'après les dispositions contenues dans l'instruction sur les accessoires d'embarquement et dans le chapitre VI de la présente instruction.

Répartition et mouvements des rampes mobiles d'instruction.

Art. 9. Les commandants de corps d'armée régleront les répartitions des rampes mobiles d'instruction mises à leur disposition et prescriront, s'il y a lieu, leur envoi successif dans les diverses garnisons. Une seule rampe suffira, en général, pour les exercices préparatoires, par garnison d'infanterie ou de cavalerie, sauf dans les villes où se trouvent des effectifs nombreux.

Le mouvement des rampes sera effectué au moyen des transports de la guerre, sur l'ordre du commandant de corps d'armée.

---

(1) Voir les prescriptions de l'article 18 du chapitre III.

Les dépenses qui en résulteront seront acquittées dans les conditions indiquées au chapitre VI (art. 33) ci-après.

Allocation de paille.

Art. 10. Il est alloué, pour l'ensemble des exercices préparatoires, comme paille de litière dans les vagons à chevaux :
4 kilogr. de paille par groupe de 16 chevaux, le nombre de chevaux excédant le plus grand multiple de 16 ne donnant droit à aucune augmentation ;

16 bottillons de chargement de 7 k. 500 par régiment d'infanterie ou de cavalerie, compagnie du génie, batterie d'artillerie et compagnie du train ;

8 bottillons de chargement de 7 k. 500 par bataillon d'infanterie.

Les corps de l'armée territoriale ont droit annuellement au quart de ces allocations.

La perception de la paille nécessaire (1) pour les exercices préparatoires a lieu dans les conditions indiquées au chapitre III ci-après (art. 20) pour les exercices d'ensemble.

Exercices d'embarquement des hommes.

Art. 11. Tous les hommes prennent part aux exercices préparatoires dans lesquels on applique les règles de fractionnement posées par l'instruction fixant les règles militaires relatives au transport par chemin de fer des troupes de toutes armes.

Ils doivent être suffisamment familiarisés avec ces règles pour qu'on n'ait pas à répéter ces exercices par petits groupes dans les gares avant les exercices d'ensemble.

Exercices d'embarquement des chevaux.

Art. 12. Tous les chevaux sont exercés à l'aide du dispositif jusqu'à ce qu'ils entrent franchement dans le vagon simulé. Quand ce premier résultat est obtenu, on les habitue à l'embarquement dans des vagons réels.

L'instruction sur l'embarquement des chevaux est donnée :

1o Dans l'infanterie et les autres troupes à pied, sauf le génie, aux ordonnances d'officiers montés et aux conducteurs de voitu-

---

(1) Afin d'assurer le renouvellement des bottillons de mobilisation, on utilise pour les exercices d'embarquement les bottillons d'ancienne confection, lesquels sont remplacés par un nombre égal de nouveaux bottillons confectionnés avec la paille nouvellement perçue.

res, par les sous-officiers, chefs des équipes d'embarquement et le vaguemestre sous la direction d'un officier par bataillon (l'officier désigné pour remplir les fonctions d'officier d'approvisionnement sera toujours l'un des officiers chargés de cette instruction);

2° Dans le génie, aux ordonnances d'officier et à tous les hommes des compagnies de sapeurs-conducteurs sous la direction des officiers de ces compagnies ;

3° Dans la cavalerie, l'artillerie et le train des équipages à tous les hommes sous la direction des officiers.

Les ordonnances d'officiers montés sans troupe prennent part, toutes les fois que cela est possible, aux exercices des corps qui se trouvent dans la même garnison.

Exercices d'embarquement des voitures.

Art. 13. Ces exercices sont exécutés d'abord sur le dispositif décrit ci-dessus, ensuite sur des trucs réels, et, de préférence, avec les rampes mobiles. Dans les premières séances, les voitures sont embarquées vides ; mais dès que les hommes ont acquis un peu d'habitude de leur maniement et de leur disposition sur les trucs, ces voitures sont toujours pourvues de leur chargement de guerre ou lestées à un poids équivalent.

Sont exercés à l'embarquement des voitures :

1° Dans l'infanterie et la cavalerie, les équipes spéciales formées ainsi qu'il sera dit ci-après, sous la direction du vaguemestre et d'un officier par bataillon (celui désigné ci-dessus pour les chevaux) ou par escadron ;

2° Dans l'artillerie, le génie, le train des équipages, tous les hommes, sous la direction des officiers.

Les hommes des régiments d'artillerie à pied sont exercés à l'embarquement du matériel de place et de siège toutes les fois que le corps ou les établissements d'artillerie, à proximité desquels ils sont stationnés, sont pourvus des moyens d'exécution nécessaires. Ils sont aussi exercés à l'emploi des agrès de chargement que possèdent les gares (grues, ponts roulants, etc.).

Les hommes des troupes d'aéronautique reçoivent une instruction spéciale, en vue de l'emploi des mêmes agrès de chargement, ainsi que des accessoires (rampes et ponts volants) du modèle prévu pour l'embarquement du matériel de siège.

Les hommes des sections d'infirmiers, d'ouvriers d'administration et de secrétaires d'état-major prennent part, dans la plus large mesure compatible avec les exigences de leur service spécial, aux exercices exécutés dans la garnison, et de préférence, s'il y a lieu, à ceux du train des équipages. Ils doivent tous recevoir l'instruction complète sur l'embarquement et le débarquement des voitures ; les commandants des sections et les chefs des services dans lesquels ces hommes sont employés ont l'initiative des mesures à prendre à cet effet et sont responsables de l'instruction des hommes.

Les hommes des compagnies d'ouvriers d'artillerie et d'artificiers prennent part aux exercices de l'artillerie.

Formation des équipes d'embarquement.

Art. 14. Chaque bataillon d'infanterie doit être pourvu en permanence de quatre équipes composées chacune de seize hommes et un caporal (pour l'une d'elles le caporal est remplacé par un sous-officier) prélevés autant que possible également sur les différentes classes de recrutement.

Chaque escadron de cavalerie est pourvu de deux équipes formées dans les mêmes conditions et commandées l'une par un brigadier, l'autre par un sous-officier.

Dans l'artillerie et le train des équipages militaires, tous les hommes sont exercés à l'embarquement du matériel. Les équipes comprennent de 12 à 16 hommes sous les ordres d'un sous-officier.

Dans le génie, les hommes à pied sont tous exercés à l'embarquement du matériel; les sapeurs-conducteurs doivent pouvoir y concourir s'il est nécessaire. La composition d'une équipe est, en principe, la même que pour l'artillerie.

Dans tous les cas, pour les embarquements de voitures lourdes au moyen de rampes mobiles, les équipes sont renforcées du nombre d'hommes nécessaires (8 à 12) pour la manœuvre de la prolonge et des cales à manche.

Les équipes sont toujours tenues au complet afin d'assurer convenablement le dressage des équipes et l'instruction des hommes nouvellement arrivés au corps ; les séances d'instruction sont aussi nombreuses que le permettent les nécessités des autres parties du service et les ressources des gares.

Lorsque les équipes sont complètement formées, leur instruction est entretenue à l'aide d'exercices supplémentaires ordonnés périodiquement par les chefs de corps ou de détachements.

Enfin, les équipes sont exercées à venir en aide au personnel des compagnies et administrations de chemins de fer dans les opérations de calage et de prolongeage du matériel.

Exercices préparatoires des corps territoriaux

Art. 15. Les corps territoriaux de toutes armes se conformeront aux prescriptions ci-dessus dans la limite du temps et des
moyens dont ils pourront disposer. Les chefs de corps prendront
les dispositions nécessaires pour assurer, avec le concours des
unités de l'armée active, s'il y a lieu, l'instruction des équipes
d'embarquement.

CHAPITRE III.

EXERCICES D'ENSEMBLE.

Dispositions générales.

Art. 16. Les exercices d'ensemble sont exécutés sur les voies
ferrées et comprennent toutes les opérations d'embarquement et
de débarquement réels de jour et de nuit, à l'exception de
l'attache des fusils dans les vagons, laquelle n'est jamais exécutée afin d'éviter les dégradations au matériel des compagnies de
chemins de fer.

Ces exercices auront lieu à quai ou sur chantiers, à l'aide de
rampes mobiles. *On donnera aux exercices avec rampes le plus
d'extension possible.*

Les hommes sont en tenue de campagne, et les voitures ont le
chargement réglementaire.

On complète chaque unité, à l'effectif de guerre, à l'aide des
ressources empruntées aux autres éléments du corps ou des corps
similaires de la garnison.

Dans le cas où des voitures seraient demandées au service de
l'artillerie, ce matériel devrait être facturé aux corps de troupe
et régulièrement pris en charge par eux (1).

Ces exercices peuvent seuls assurer l'instruction des officiers,
des commandants d'unité surtout.

Tous les officiers et les hommes, quels que soient d'ailleurs
leurs emplois spéciaux momentanés, qui appartiennent à une
unité exercée, devront prendre part effectivement à ces exercices, toujours activement et non comme spectateurs.

Les officiers susceptibles d'être désignés pour effectuer la re-

---

(1) A titre exceptionnel, les corps de troupe peuvent, dans les mêmes
conditions demander, s'ils le jugent utile, du matériel pour l'exécution
des exercices préparatoires.

connaissance d'un train seront exercés à préparer rapidement la répartition des voitures de leur unité entre des trucs de modèles différents.

Tous les officiers et les sous-officiers rengagés doivent d'ailleurs être en mesure de diriger l'embarquement des chevaux et des voitures.

Nombre et répartition des séances.

Art. 17. Chaque *bataillon d'infanterie*, chaque *escadron de cavalerie*, complété à l'effectif de guerre, doit effectuer, au moins, un exercice de jour ou un exercice de nuit.

Dans les *régiments d'artillerie*, les *escadrons du train* et les *troupes du génie*, chaque batterie ou compagnie, complétée à l'effectif de guerre, exécutera, au moins, un exercice de jour ou un exercice de nuit.

En outre, ces corps devront effectuer, avec le personnel des unités du temps de paix, des exercices d'embarquement d'unités dont la formation n'a lieu qu'à la mobilisation (sections de munitions, de parcs et de convoi, compagnies d'équipage de pont, ou de parc du génie de corps d'armée), en leur affectant les effectifs prévus sur le pied de guerre et en employant le matériel qui leur est réellement destiné.

Ces derniers exercices peuvent tenir lieu, pour certaines compagnies ou batteries, des exercices de jour ou de nuit, à prévoir normalement d'après les fixations indiquées ci-dessus.

Le nombre des séances sera d'ailleurs réglé par groupe de batteries, escadron du train et bataillon du génie, de manière que chaque homme prenne part à deux séances au moins, dont une de nuit. En aucun cas on ne devra, dans ces exercices d'instruction, faire concourir à l'embarquement des unités des corvées fournies par les autres éléments du corps momentanément disponibles.

Les *ouvriers d'artillerie* et les *artificiers* participent aux exercices des corps d'artillerie de la même garnison, de préférence à ceux des unités auxquelles ils peuvent être affectés en cas de mobilisation.

Pour les *régiments d'artillerie à pied,* le nombre et la répartition des séances dépendront essentiellement du groupement des batteries et du matériel mis à leur disposition. Ils seront déterminés par le commandant du corps d'armée.

Les hommes des *sections d'infirmiers, d'ouvriers d'administration* et de *secrétaires d'état-major* prennent part aux exercices des corps de la garnison, dans les conditions indiquées ci-dessus à l'article 13 pour les exercices préparatoires. Ils sont employés au chargement des voitures.

En outre, les *ouvriers d'administration* sont exercés au chargement et à l'arrimage des pains dans les vagons.

Les *infirmiers* sont exercés au montage dans les vagons des appareils de suspension de brancards.

Les dispositions qui précèdent fixent un chiffre minimum de séances par unité ; mais toute initiative est laissée aux commandants de corps d'armée pour augmenter ce chiffre dans la proportion où ils le jugeront nécessaire pour la bonne instruction des troupes sous leurs ordres.

Préparation matérielle et époque d'exécution.

Art. 18. Les compagnies de chemins de fer ayant consenti à mettre gratuitement à la disposition de l'autorité militaire les voitures et les vagons nécessaires à l'exécution des exercices annuels d'embarquement pourvu qu'il n'en résulte pour elles ni dépense (1) ni trouble dans leur service habituel, les mesures de détail relatives à la préparation matérielle des exercices d'ensemble devront être étudiées et arrêtées dans chaque garnison de concert entre le commandant d'armes, les commandants de troupe et les agents locaux des compagnies intéressées.

Les exercices d'ensemble ont lieu, en principe, aux époques prescrites par les règlements spéciaux à chaque arme.

Toutefois, si dans certaines garnisons les nécessités du service des compagnies de chemins de fer ne permettent pas à celles-ci de disposer, auxdites époques, soit des installations commerciales, soit du matériel roulant nécessaire aux exercices d'ensemble, il appartiendra aux commandants de corps d'armée de s'entendre avec les représentants des compagnies accrédités auprès d'eux pour déterminer le moment où ils pourraient avoir lieu dans les conditions les plus favorables pour l'instruction de la troupe.

Autant que possible, il est exécuté des exercices d'ensemble au cours des périodes d'instruction des réservistes des différentes catégories, surtout dans la cavalerie, l'artillerie et le génie.

Ces exercices sont également exécutés par les unités de l'armée territoriale.

---

(1) Dans le cas où, sur la demande expresse de l'autorité militaire, des vagons à marchandises aménagés seraient mis à la disposition de la troupe au lieu de voitures à voyageurs, les compagnies pourraient demander le remboursement des dépenses occasionnées par la manutention des bancs et des lanternes.

Le matériel nécessaire aux exercices d'ensemble est calculé d'après les règles indiquées dans l'instruction fixant les règles militaires relatives à l'exécution des transports par chemin de fer des troupes de toutes armes, en indiquant aux représentants des compagnies de chemins de fer le nombre d'hommes, de chevaux et d'essieux fictifs à embarquer.

Toutefois, pour les éléments qui comprennent une forte proportion de voitures à quatre roues à trains non démontables, et notamment pour les éléments ci-dessous, on doit fixer exactement le nombre de trucs ainsi que leurs caractéristiques détaillées en Ef :

Quartiers généraux;

Sections de munitions d'artillerie lourde et sections de parc de toute nature;

Grand parc du génie;

Compagnie de parc du génie et compagnie d'équipage de pont;

Unités aéronautiques;

Boulangeries;

Hôpitaux;

Convois.

Il sera d'ailleurs toujours loisible à la gare qui formera le train de remplacer deux ou plusieurs trucs par un seul présentant une capacité totale égale à la somme des premiers.

Emploi des rampes mobiles et des accessoires d'embarquement.

Art. 19. Si les dispositions locales s'y prêtent, il y a intérêt pour l'instruction de la troupe à exécuter les embarquements des chevaux et voitures à l'aide des rampes mobiles.

Les commandants de corps d'armée peuvent prescrire, à cet effet, dans les conditions indiquées au chapitre II ci-dessus, article 9, la répartition des rampes mobiles d'instruction entre les divers corps de troupe et les mouvements qui en sont la conséquence.

Les rampes mobiles en dépôt sur les réseaux ne peuvent être employées pour les exercices du temps de paix qu'exceptionnellement et avec l'autorisation du Ministre.

Pour les exercices d'ensemble, les corps sont pourvus, dans la proportion fixée pour les embarquements de mobilisation, des accessoires d'embarquement dont l'emploi est indiqué par l'instruction du 26 juillet 1912 relative à ces accessoires, sauf en ce qui concerne les bottillons, au sujet desquels des dispositions spéciales sont indiquées à l'article suivant.

Les accessoires détériorés ou mis hors d'usage sont réparés ou remplacés, s'il y a lieu, ainsi qu'il est expliqué au chapitre VI.

Allocation de paille (1).

Art. 20. Les allocations sont les suivantes, pour chaque séance des exercices d'ensemble :

Paille de litière. — 4 kilogrammes par séance et par groupe de 16 chevaux. Le nombre de chevaux excédant le plus grand multiple de 16 ne donnant droit à aucune allocation pour toutes les armes;

Bottillons de chargement de 7 k. 500. — 4 bottillons par régiment d'infanterie ou de cavalerie, par compagnie du génie, par batterie d'artillerie;

2 bottillons par bataillon d'infanterie.

9 bottillons pour l'embarquement du matériel complet d'une compagnie du train des équipages.

Les chiffres qui précèdent fixent les quantités totales de paille consommable auxquelles ont droit les corps de troupe pour les exercices d'embarquement à exécuter par toutes leurs unités.

Il appartiendra aux chefs de corps de prendre les dispositions nécessaires, pour que, dans la mesure où le permettront ces fixations, et au besoin en utilisant plusieurs fois la même paille, les unités à exercer soient dotées d'un nombre de bottillons aussi voisin que possible de celui dont elles disposeraient en cas de mobilisation.

En vue de faciliter le service, la totalité de la paille nécessaire pour chaque série d'exercices sera perçue en une seule fois.

Les perceptions seront régularisées suivant le mode indiqué dans les articles 499 et suivants de l'instruction du 14 juin 1900 (B. O., É. R., vol. 91), sur le service des subsistances ; seulement les bons totaux et bordereaux porteront pour titre : *Distributions extraordinaires de paille faites pour exercices d'embarquement en chemin de fer.*

En ce qui concerne les liens, si les corps ne peuvent utiliser le fil de fer provenant des balles de foin, les dépenses d'achat seront supportées dans les conditions indiquées à l'article 34, chapitre VI.

---

(1) Voir le renvoi (1) de l'article 10, chapitre II.

Durée et exécution des opérations d'embarquement
et de débarquement.

Art. 21. La durée maxima d'un embarquement ou d'un débarquement, pour chaque unité de transport, est celle indiquée par l'instruction du 26 juillet 1912.

Au début des exercices d'ensemble, il n'y a pas lieu de tenir compte de cette durée ni de se préoccuper d'accélérer l'exécution des divers mouvements d'hommes, de chevaux ou de matériel; tout détail mal compris ou mal exécuté doit être recommencé. Mais quand tous les détails (fractionnement, placement des sacs et des armes, embarquement, etc.) sont correctement exécutés, il convient de chercher à en assurer l'exécution et la succession aussi promptes que possible, de manière à arriver progressivement à exécuter les embarquements ou les débarquements dans un temps inférieur aux délais maxima indiqués.

Cependant, il n'est pas nécessaire de précipiter les opérations outre mesure, pour arriver à une rapidité d'exécution purement fictive, obtenue souvent par l'omission de certaines précautions dans l'attache des chevaux ou la consolidation du matériel. C'est en maintenant l'ordre et le calme les plus absolus, en suivant strictement et dans l'ordre prescrit la série des opérations décrites par l'instruction fixant les règles militaires relatives au transport par chemin de fer des troupes de toutes armes, en faisant exécuter, diriger ou surveiller chacune d'elles dans les conditions indiquées, qu'on évitera des erreurs et des fausses manœuvres qui auraient pour résultat inévitable des pertes de temps ou des accidents, lors des mouvements de chevaux et de matériel, surtout dans les exercices de nuit et sur rampes mobiles.

Les exercices sur les voies ferrées doivent conserver le caractère de tout autre exercice militaire. Tous les mouvements sont exécutés en ordre, en silence et au commandement des gradés. Les commandants d'unité y tiennent strictement la main.

Chaque séance comprend l'embarquement et le débarquement de l'unité exercée. On simule, en outre, les haltes de diverses natures visées par l'instruction fixant les règles militaires relatives au transport par chemin de fer des troupes de toutes armes.

Mises en marche de trains.

Art. 22. Quand les dispositions locales s'y prêtent, il pourra être intéressant de mettre en marche des trains portant des unités sur le pied de guerre, et en particulier des unités formées par l'artillerie (batteries, sections de munitions ou de parc) ou le génie (matériel de ponts d'équipages); on aura ainsi la possibilité de s'assurer que toutes les précautions nécessaires ont été prises pour l'arrimage du matériel et pour l'installation du personnel dans les meilleures conditions de transport.

Les mises en marche de trains entraînent certaines dépenses à la charge du Département de la guerre et ne peuvent d'ailleurs s'appliquer, le plus souvent, que dans les gares où les compagnies de chemins de fer disposent en permanence de locomotives en feu. Les commandants de corps d'armée ne les prescriront, en principe, que dans les cas où les dépenses seraient peu importantes et seulement après y avoir été autorisés préalablement. par le Ministre, ainsi qu'il est indiqué au chapitre VI, article 32.

Le Ministre pourra prescrire chaque année la mise en marche d'un certain nombre de trains militaires qui parcourront, à titre d'essai, les parties du réseau particulièrement intéressantes au point de vue des transports militaires.

Constitution éventuelle de commissions de gare.

Art. 23. Dans les villes de garnison importantes, où les exercices pourront se succéder à peu d'intervalle dans une même gare et pendant plusieurs jours consécutivement, il y aura intérêt pour l'instruction à constituer réellement une commission de gare, dont le membre militaire sera un officier du service des chemins de fer et des étapes, qui accomplira ainsi très fructueusement une des périodes réglementaires d'instruction auxquelles sont astreints les officiers de cette catégorie. (Voir instruction du 28 décembre 1898. Dispositions spéciales aux officiers affectés au service des chemins de fer et des étapes.)

L'autorité militaire tient la main à l'observation constante et absolue, au cours des exercices, des prescriptions des règlements et instructions sur les transports ordinaires et stratégiques, au sujet des relations entre les troupes embarquées et les commissaires militaires de gare ou les agents du chemin de fer.

Les commandants de corps d'armée ont toute latitude pour l'organisation de ces séries d'exercices, la convocation des officiers et les instructions à leur donner.

CHAPITRE IV.

EXERCICES SPÉCIAUX.

Exercices de garnison.

Art. 24. Dans les garnisons importantes, lorsque les nécessités du service des chemins de fer permettront de mettre momentanément à la disposition des troupes soit les emplacements mêmes où doivent s'effectuer les embarquements en cas de mobilisation, soit d'autres emplacements suffisamment étendus, on procédera à des exercices exécutés dans les conditions d'heure, de durée et de succession, aussi rapprochées de celles prévues pour les embarquements réels que le permettront les circonstances locales, et la nécessité de former des unités de transport complètes à l'aide des ressources fournies par les différents éléments de la garnison.

Les allocations de paille seront celles auxquelles auraient droit les unités mobilisées.

Les trains pourront être mis en marche et des commissions de gare pourront être formées dans les conditions indiquées aux articles 22 et 23 ci-dessus.

Ces exercices seront exécutés aux époques fixées par le commandant de corps d'armée, après l'achèvement des exercices d'ensemble, dont ils forment le complément, et de préference aux époques où les corps présentent les effectifs les plus élevés. Les détails d'organisation seront réglés par cet officier général, d'après les propositions formulées par l'autorité militaire, d'accord avec les représentants des compagnies de chemins de fer.

La date exacte de chacun des exercices sera notifiée huit jours au moins à l'avance au Ministre (Etat-Major de l'Armée, 4e Bureau).

Expériences de haltes-repas.

Art. 25. Dans le but de compléter l'instruction des troupes et d'assurer le fonctionnement du service d'alimentation, des expériences de haltes-repas de jour ou de nuit seront exécutées chaque année dans certaines stations désignées par le Ministre.

Chacune de ces expériences comprend :

1° La préparation des distributions par les soins du personnel militaire administratif, sous la direction de la commission de gare, dans les conditions prévues pour le cas de mobilisation, à l'exclusion de toute autre autorité militaire qui, dans la pratique, ne concourrait pas à l'exécution du service ;

2° La distribution à des troupes de passage ou supposées de passage formant une ou plusieurs unités de transport de la même arme ou d'armes différentes, fournies par la garnison de la localité où s'exécute l'expérience, ou celles de localités voisines.

Cette expérience est combinée, s'il est possible, soit avec des exercices d'embarquement et de débarquement de ces troupes, soit avec les exercices d'ensemble ou de garnison, de manière à restreindre l'ensemble des dépenses et à éviter les frais d'un train spécial. Au besoin, les troupes se rendent à la halte-repas par les voies ordinaires.

Dans tous les cas, une fois la troupe embarquée, le train est mis en marche, puis garé, si les exigences du service des chemins de fer le permettent, sur les voies désignées par la consigne spéciale de la halte-repas. La distribution achevée et la troupe embarquée, le train est remis en mouvement et conduit au point où doit s'effectuer le débarquement.

Si les hommes qui prennent part à l'expérience doivent consommer les denrées distribuées, ils emportent le pain de repas nécessaire et les denrées dont la fourniture incombe à l'ordinaire, à l'exception du café avec sucre et de l'eau-de-vie qui sont alloués gratuitement.

Les détails de l'expérience sont réglés et la date d'exécution notifiée au Ministre, comme il a été dit ci-dessus pour les exercices de garnison.

Le chef d'état-major du corps d'armée ou le sous-chef, et le directeur de l'intendance ou un fonctionnaire désigné par lui, assistent à cette expérience. Le commandant de corps d'armée fait parvenir au Ministre (État-Major de l'Armée, 4° Bureau), dans les quinze jours qui suivent l'expérience, un rapport sommaire sur l'organisation et les résultats obtenus.

Exercices spéciaux du service de santé.

Art. 26. Au cours des exercices spéciaux que le service de santé en campagne doit exécuter annuellement, conformément aux dispositions de l'instruction du 30 juin 1902 (1), il peut être

---

(1) Volume 83 du *Bulletin officiel*, É. M., p. 120.

prévu le fonctionnement de formations sanitaires avec l'emploi du matériel des compagnies de chemins de fer.

Pour toutes les questions se rapportant à la formation et à la mise en marche de trains sanitaires, les généraux commandant les corps d'armée ne doivent formuler les propositions à pré-senter au Ministre, par application de l'article 4 de l'instruction susvisée, qu'après entente avec les représentants des compagnies de chemins de fer accrédités auprès d'eux.

CHAPITRE V.

PROGRAMME. — SURVEILLANCE ET COMPTES RENDUS DES EXERCICES.

Programme des exercices annuels.

Art. 27. Après entente avec les agents supérieurs des compagnies accrédités auprès d'eux, les commandants de corps d'armée établissent avant le 1er février de chaque année, d'après les propositions des autorités militaires sous leurs ordres et en tenant compte des résultats obtenus l'année précédente, le programme général des exercices d'ensemble ou spéciaux à exécuter dans chacune des garnisons de leur région.

Si les exercices prévus ne doivent occasionner aucune autre dépense que celles résultant de l'éclairage, des mouvements de rampes mobiles ou de dégradations au matériel, etc. (dépenses des catégories B et C, chapitre VI), ce programme est arrêté par le commandant du corps d'armée et notifié par lui pour exécution aux autorités militaires intéressées. Si, au contraire, certains exercices d'ensemble ou spéciaux doivent entraîner des dépenses pour location de machines, pour mise en marche de trains, location d'attelages, expériences de fonctionnement de haltes-repas, un extrait du programme concernant ces exercices, accompagné d'un aperçu de ces dernières dépenses est soumis au Ministre (État-Major de l'Armée, 4e Bureau), pour approbation, avant le 1er février de chaque année.

Toutefois, les crédits prévus au budget pour le payement des dépenses occasionnées par les exercices d'embarquement étant peu importants, les propositions des commandants de corps d'armée doivent être établies avec une sévère économie sous peine de ne pouvoir être accueillies.

Dès que l'approbation ministérielle et l'ouverture des crédits leur ont été notifiées, les commandants de corps d'armée donnent les ordres d'exécution pour ceux des exercices compris sur l'extrait susmentionné, les autres exercices du programme pouvant être ordonnés par eux comme il a été dit ci-dessus.

Les mesures de détail pour l'application du programme sont réglées dans chaque garnison par les commandants des troupes, de concert avec les représentants locaux des compagnies.

Sous la réserve de ne point engager de dépenses non autorisées et de ne pas entraver le service ordinaire des chemins de fer, les chefs de corps, responsables de l'instruction complète de la troupe qui leur est confiée, ont toute initiative pour cette organisation.

Surveillance des exercices.

Art. 28. Les officiers généraux contrôlent et vérifient par eux-mêmes et par tous les moyens dont ils disposent l'instruction des troupes, non seulement lors de leurs inspections, mais encore au cours même des exercices. Ils tiennent la main à la stricte exécution des procédés de détail indiqués dans l'instruction fixant les règles militaires relatives au transport en chemin de fer des troupes de toutes armes.

Ils veillent à ce que les différents corps stationnés dans la même garnison se prêtent un concours mutuel, toutes les fois qu'il y a lieu, pour l'exécution des exercices d'ensemble. Enfin, ils s'assurent que les corps sont pourvus, en tout temps, du personnel et du matériel nécessaires pour assurer leur embarquement et leur transport.

Plusieurs fois par an, les officiers généraux vérifient si les accessoires sont au complet et en bon état. Ils s'assurent que les chefs de corps et ceux des diverses unités de transport sont au courant des dispositions de détail arrêtées pour l'embarquement de la troupe sous leurs ordres et de son matériel, que les équipes d'embarquement sont au complet et instruites ; enfin, que les officiers de tout grade possèdent l'instruction théorique et pratique nécessaire.

Comptes rendus des exercices.

Art. 29. En principe, l'exécution des exercices annuels d'embarquement ne donne pas lieu à l'établissement d'un rapport. Toutefois, les chefs de corps peuvent formuler à la fin de la période d'exercices les observations et propositions qu'ils jugeraient utile de présenter. Les commandants de corps d'armée ne transmettront au Ministre (Etat-Major de l'Armée, 4e Bureau) que celles de ces observations ou propositions qui leur paraîtraient présenter une importance particulière et auxquelles ils ne pourraient donner suite eux-mêmes.

Inspection des généraux chargés de missions spéciales.

Art. 30. Au cours de leur inspection, les généraux chargés de missions spéciales examinent :

1º Si tous les corps et détachements ayant des chevaux et des voitures sont pourvus des dispositifs nécessaire s pour les exercices préparatoires (dans le cas contraire, les motifs pour lesquels ils n'ont pas été installés et les mesures prises pour remédier à cette situation sans aucun retard) ;

2º Si les équipes d'embarquement des corps d'infanterie et de cavalerie existent au nombre prescrit et sont complètement instruites ;

3º Si les accessoires de toute nature dont le corps est pourvu existent bien au nombre fixé et en bon état d'entretien.

CHAPITRE VI.

DÉPENSES. — ALLOCATIONS DE CRÉDITS. SITUATION ANNUELLE DES RAMPES MOBILES.

Classification des dépenses.

Art. 31. Les dépenses auxquelles donnent lieu les exercices d'embarquement se classent en quatre catégories A, B, C, D, dont le détail est indiqué ci-après :

Catégorie A. — Dépenses exceptionnelles occasionnées par l'exécution des exercices et dont l'importance peut être exactement prévue et limitée au moment de l'établissement des programmes, savoir :

a) Frais de mise en marche de trains ;

b) Frais d'aménagement de vagons couverts à marchandises ;

c) Frais de location d'attelages pour la conduite des voitures des corps d'infanterie ;

d) Frais de toute nature résultant des expériences de fonctionnement des haltes-repas.

Catégorie B. — Dépenses normales entraînées par l'exécution proprement dite des exercices et pour lesquelles aucune estimation exacte ne peut, en général, être prévue au moment de l'établissement des programmes, savoir :

e) Mouvement des rampes mobiles ;

f) Remplacement des cordes-poitrail, vrilles, pitons, cordeaux ;

g) Dégradation au matériel des compagnies de chemins de fer ;

h) Frais d'éclairage des exercices de nuit.

Catégorie C. — Dépenses nécessitées par la réparation des rampes mobiles en dépôt dans les corps de troupe ou établissements et des accessoires d'embarquement fournis aux corps par le service de l'artillerie.

Catégorie D. — Création, réfection et entretien des dispositifs d'embarquement.

Evaluation et règlement des dépenses de la catégorie A.

Art. 32. Les dépenses de la catégorie A doivent faire, s'il y a lieu, l'objet d'une proposition spéciale à établir en tenant compte des indications exposées ci-après, et à adresser au Ministre avec l'extrait du programme des exercices auxquels elles se rapportent, ainsi qu'il est dit ci-dessus. (Chap. V, art. 27.)

Elles ne doivent point être engagées sans approbation du Ministre et notification des allocations de crédit correspondantes.

a) Mise en marche de train. — Cette opération donne lieu, pour les exercices d'ensemble ou spéciaux, au payement aux compagnies des frais de location des machines, au prix uniforme de 7 francs par heure et par machine, toutes les fois que le trajet ne s'étend pas d'une gare à une autre, mais se trouve limité aux voies de la gare d'embarquement ou de ses dépendances et à leurs abords.

La durée de chaque exercice est constatée contradictoirement entre le chef de gare et le commandant de la troupe exercée par un bulletin établi en double expédition, dont l'une reste entre les mains de la compagnie pour être annexée par elle à sa facture de remboursement et l'autre est adressée au commandant de corps d'armée. (Voir bulletin de constatation modèle n° 4.)

Dans les premiers jours de chaque trimestre, chaque commandant de corps d'armée fait parvenir au Ministre (Etat-Major de l'Armée ; 4ᵉ Bureau) les bulletins afférents au trimestre écoulé.

Le paiement des sommes dues aux compagnies est assuré par les soins du Ministre. Les dépenses effectuées sans autorisation ou excédant les crédits ouverts sont laissées à la charge des autorités militaires qui les ont prescrites.

b) *Aménagement de vagons couverts à marchandises.* — La mise à la disposition de l'autorité militaire, *sur sa demande expresse*, de vagons aménagés, peut donner lieu au payement, aux compagnies, des frais concernant la manutention des bancs et des lanternes.

L'évaluation de ces frais sera demandée dans chaque cas aux compagnies auxquelles le remboursement de la dépense sera effectué comme pour les dépenses afférentes à la location des machines.

c) *Location d'attelages.* — Dans les places où les ressources de la garnison seront insuffisantes pour assurer la conduite aux gares ou quais d'embarquement des voitures à embarquer, il pourra être établi des demandes de crédits pour location d'attelages.

Les sommes nécessaires pour le payement de ces dépenses seront déléguées par le Ministre au service local de l'intendance militaire par les soins duquel l'*ordonnancement* en sera effectué.

d) *Fonctionnement des haltes-repas.* — Les dépenses à prévoir sous cette rubrique comprennent :

1° L'indemnité de l'officier d'état-major chargé de la préparation des expériences, quand celles-ci ne se font pas au chef-lieu du corps d'armée ;

2° Le transport et les allocations des ouvriers d'administration chargés du service de la halte-repas et choisis parmi les détachements les plus voisins ;

3° Les frais de l'expérience proprement dite (chauffage des appareils ; fourniture gratuite du café, du sucre et de l'eau-de-vie ; éclairage, etc.) ;

4° La location de machines, ou exceptionnellement la mise en marche du train spécial ;

5° Les dépenses diverses non comprises dans l'énumération qui précède.

Ces dépenses sont acquittées, provisoirement, par les soins des directeurs des services de l'intendance de chaque région, sur les crédits de chacun des services intéressés.

Afin de permettre à l'administration centrale de régulariser ces dépenses, les intendants adresseront dans le mois qui suivra l'exécution des expériences, sous le timbre des bureaux compétents, un état détaillé du supplément de dépenses résultant desdites expériences; ce supplément doit être définitivement supporté par le budget des chemins de fer.

Règlement des dépenses de la catégorie B.

Art. 33. Les dépenses de la catégorie B sont réglées d'après les indications ci-après, savoir :

e) *Mouvements des rampes mobiles.* — Les frais résultant des mouvements des rampes mobiles prescrits par les commandants de corps d'armée, en vertu des dispositions des articles 9 et 19 ci-dessus, sont acquittés directement par les soins des fonctionnaires de l'intendance.

f) *Remplacement de vrilles, pitons, cordeaux, cordes-poitrail.* — Les dépenses à engager pour le remplacement des vrilles, des pitons et des cordeaux détériorés au cours des exercices préparatoires sont faites directement par les corps intéressés sans autorisation spéciale. Elles sont imputées à la masse des écoles.

Dans les sections de secrétaires d'état-major et de recrutement, de commis et ouvriers militaires d'administration et d'infirmiers militaires qui n'ont pas de masse des écoles, cette dépense sera imputée à la masse d'entretien et d'habillement (fonds commun).

Les cordes-poitrail usées ou détériorées au cours des exercices sont remplacées au compte de la masse du harnachement et de ferrage.

g) *Dégradations au matériel des compagnies de chemins de fer.* — Ces dépenses sont payées par le ministère de la guerre auquel les compagnies adressent directement leurs demandes de remboursement.

Des reconnaissances contradictoires effectuées avant et après chaque exercice d'embarquement par le chef de gare et le commandant de la troupe ou un officier le représentant permettent de constater les dégradations survenues pendant les exercices au matériel appartenant aux compagnies.

Le résultat de la reconnaissance est consigné en un rapport en double expédition conforme au modèle n° 2 joint à la présente instruction.

Chacune des expéditions reçoit la destination qui a été indiquée ci-dessus pour les bulletins relatifs à la location des machines.

Les dégradations résultant, soit de la négligence des gradés ou des hommes, soit de la non-observation par eux des prescriptions de l'instruction fixant les règles militaires relatives au transport par chemin de fer des troupes de toutes armes (1) sont mises à la charge des autorités militaires qui les ont prescrites ou tolérées.

Le perçage dans les parois des vagons des trous de boulon des appareils de suspension des brancards ne donne pas lieu à l'établissement du procès-verbal de reconnaissance contradictoire (modèle n° 2). Les frais de bouchage de ces trous sont remboursés aux compagnies sur factures spéciales.

h) *Frais d'éclairage.* — La dépense de l'éclairage des quais et cours des gares pendant les exercices de nuit (à l'exception de celle des haltes-repas, pour lesquelles des prescriptions spéciales ont été données ci-dessus) est supportée par le Département de la guerre, qui la rembourse aux compagnies de chemins de fer.

Après chaque exercice d'embarquement de nuit, le commandant de l'unité exercée mentionne, dans les colonnes d'un bon d'éclairage conforme au modèle n° 3, joint à la présente instruction, et établi par la gare en double expédition, la date de l'exercice, la désignation de l'élément, le nombre et la nature des appareils allumés, la durée et le nombre d'heures d'éclairage. Il signe le certificat d'exécution dans la colonne à ce destinée. Ce bon reste entre les mains de la compagnie pour être annexé à la facture de remboursement qu'elle présentera au Ministre, du 1er au 15 janvier de chaque année.

Les corps d'armée n'ont point à intervenir dans la liquidation ou le paiement de ces dépenses.

Situation annuelle des rampes mobiles. — Remplacement des accessoires d'embarquement. — Réparations aux rampes mobiles.

Art. 34. *Situation annuelle des rampes mobiles.* — Les corps de troupe ou établissements ayant en dépôt des rampes mobiles appartenant au service militaire des chemins de fer (rampes à longrines en fer et rampes à longrines en acier) établissent, le

______

(1) Par exemple, la réfection de la peinture des caisses de vagons rayés par des inscriptions qui auraient dû être faites sur les marche-pieds.

1er octobre de chaque année, une situation conforme au modèle n° 1 de la présente instruction et l'adressent directement au général commandant le corps d'armée. Cet officier général établit une situation unique pour l'ensemble de son corps d'armée et la transmet au Ministre (Etat-Major de l'Armée; 4e Bureau) le 1er novembre.

Remplacement des accessoires d'embarquement. — Les accessoires d'embarquement visés au paragraphe de l'instruction du 26 juillet 1912 (plateaux en bois blanc, bouts de madriers, jarretières, leviers de manœuvre de siège, grandes cales de roues avec manche, commandes de brêlage) sont visités, chaque année, par les capitaines d'artillerie, inspecteurs d'armes, en même temps que les équipages régimentaires.

Les objets perdus, réformés ou hors de service sont remplacés dans les conditions indiquées par l'instruction du 18 juin 1901 (vol. n° 86, p. 73, chap. 11, § 3).

Réparations aux rampes mobiles. — Il est alloué, au commencement de chaque année, à chaque commandant de corps d'armée, un crédit forfaitaire permettant d'exécuter, au fur et à mesure des besoins, les réparations reconnues nécessaires aux rampes mobiles.

Les corps ou établissements militaires ayant des réparations à faire effectuer adressent leur demande directement au commandant de corps d'armée qui statue dans la limite des crédits qui lui sont affectés.

Dès la notification de l'allocation de ces crédits, les réparations sont exécutées sans retard; elles sont effectuées, autant que possible, dans les établissements militaires ou par la main-d'œuvre militaire, et le payement est assuré suivant les ordres donnés par le commandant de corps d'armée.

Toutefois, dans le cas de force majeure (rampe mise hors de service, bris d'une longrine, etc...), et si les fonds alloués au commandant du corps d'armée sont épuisés, des crédits exceptionnels peuvent être demandés au Ministre.

Dans aucun cas, les crédits accordés pour une année et qui n'auraient pas été utilisés au cours de l'exercice ne peuvent être reportés sur l'année suivante.

Création, réfection et entretien des dispositifs d'embarquement (catégorie D).

Art. 35. Toutes les dépenses applicables à l'entretien et à la réfection des dispositifs seront imputées à la masse des écoles.

Les établissements locaux du génie fourniront, s'ils en possèdent de disponibles, les matériaux de démolition nécessaires pour l'entretien et la réfection des dispositifs, comme aussi pour leur installation lors d'une première création.

En cas d'impossibilité pour les établissements locaux du génie d'effectuer cette fourniture, la dépense résultant de l'achat des matériaux incombera à la masse des écoles des corps intéressés.

Toutefois, lors d'une première création, et seulement à cette occasion, des demandes exceptionnelles de crédit pour achat de matériaux pourront être adressées au Ministre (Etat-Major de l'Armée, 4° Bureau).

Dépenses non comprises dans les catégories A, B, C, D.

Art. 36. Tous les menus frais que peuvent entraîner les exercices et qui ne rentrent point dans les dépenses énumérées ci-dessus seront imputés à la masse des écoles

CHAPITRE VII.

EXERCICES DES TROUPES COLONIALES.

Dispositions communes.

Art. 37. Les dispositions contenues dans la présente instruction sont applicables aux corps de troupe de l'armée coloniale stationnés dans la métropole, sauf en ce qui concerne l'établissement des programmes et l'envoi des comptes rendus pour lesquels on se conformera aux prescriptions suivantes :

Dispositions spéciales.

Art. 38. Les programmes d'exercices d'embarquement en chemin de fer des troupes coloniales, préparés par l'autorité militaire sous les ordres directs de laquelle elles sont placées, seront soumis par celle-ci à M. le général commandant le corps d'armée des troupes coloniales, qui les transmettra, avec

son avis, aux généraux commandant les corps d'armée inté
ressés, avant le 15 janvier de chaque année.

Ces officiers généraux qui établissent, après entente avec les
agents des compagnies de chemin de fer accrédités auprès
d'eux, le programme général desdits exercices pour l'ensemble
des troupes stationnées sur leur territoire, auront à tenir compte
des propositions formulées par le commandant du corps d'armée
des troupes coloniales.

Après approbation dudit programme, dans les conditions indiquées au chapitre V, les généraux commandant les corps d'armée aviseront le général commandant le corps d'armée des
troupes coloniales des dispositions définitivement adoptées, en
lui faisant connaître, le cas échéant, les modifications qui auraient dû être apportées aux dispositions primitivement prévues.

Les comptes rendus sommaires établis, s'il y a lieu, et comme
il est dit à l'article 29, par les chefs de corps seront soumis au
général commandant le corps d'armée des troupes coloniales.
Ce dernier, après les avoir examinés et annotés, les adressera
aux généraux commandant les régions de corps d'armée intéressées.

Ces officiers généraux se conformeront, en ce qui concerne
leur transmission au Ministre, aux prescriptions du dernier alinéa de l'article 29.

CHAPITRE VIII.

DISPOSITIONS GÉNÉRALES.

Suppression des exercices d'embarquement dans les gares, lorsque les
chevaux ou mulets des corps de troupe sont atteints de maladies contagieuses.

Art. 39. En vue d'éviter soit la contamination des animaux susceptibles d'être transportés ultérieurement dans les vagons mis
à la disposition des corps de troupe, soit le paiement de frais de
désinfection, les corps de troupe dans lesquels des animaux sont
atteints de maladies contagieuses ne doivent pas, jusqu'à cessa-
tion complète de l'épidémie, prendre part aux exercices d'embarquement effectués dans les gares.

Cette mesure est applicable même si les maladies contagieuses
n'entraînent pas l'indisponibilité ou l'isolement complet des animaux.

Abrogation des dispositions antérieures.

Art. 40. L'instruction du 1er juin 1904 relative aux exercices d'embarquement et de débarquement sur les chemins de fer et toutes les dispositions contraires à la présente instruction sont abrogées.

Paris, le 26 juillet 1912.

Le Ministre de la guerre,

MILLERAND.

MODÈLE N° 1.

Instruction
du 26 juillet 1912.

Chap. V. — Art. 34.

Format tellière : 32 sur 24

ANNÉE 19 .

« CORPS D'ARMÉE.

SITUATION

des rampes mobiles et accessoires en dépôt dans les corps
ou établissements militaires de la région.

NOTA. — La présente situation, établie à la date du 1er octobre de chaque année, devra parvenir avant le 1er novembre au Ministre (*État-Major de l'Armée, 4e Bureau*).

1º *Rampes à longrines en fer.*

PLACES DE GARNISON pourvues de rampes.	ÉTABLISSEMENTS ou corps ayant en dépôt le matériel.	NOMBRE DE RAMPES par localité.	LONGRINES.	MADRIERS.	POULIES.	CHANGEMENTS DANS LE LIEU DE DÉPOT effectués depuis l'établissement de la dernière situation et motifs de ces changements (1).	OBSERVATIONS — Chaque rampe comprend : 2 longrines, 16 madriers, et est accompagnée d'une poulie.
Nombre total des rampes au 1ᵉʳ octobre de l'année courante........							
Nombre total des rampes au 1ᵉʳ octobre de l'année précédente							
DIFFÉRENCE (2). { en plus..... { en moins...							

(1) Ne pas porter dans cette colonne les déplacements ayant un caractère temporaire.
(2) A expliquer dans la colonne *Observations*.

2° Rampes à longrines en acier modèle 1888.

PLACES DE GARNISON pourvues de rampes.	ÉTABLISSEMENTS ou corps ayant en dépôt le matériel.	NOMBRE DE RAMPES par localité.	LONGRINES.	PANNEAUX		POULIES ou PALANS.	CHANGEMENTS DANS LE LIEU DE DÉPOT effectués depuis l'établissement de la dernière situation et motifs de ces changements (1).	OBSERVATIONS. —
				EXTRÊMES.	INTERMÉDIAIRES.			Chaque rampe comprend : 2 longrines. 2 panneaux extrêmes. 2 panneaux intermédiaires. 1 bout de madrier. et est accompagnée d'une poulie ou palan.
Nombre total des rampes au 1er octobre de l'année courante.........								
Nombre total des rampes au 1er octobre de l'année précédente								
Différence (2). { en plus..... { en moins...								

(1) Ne pas porter dans cette colonne les déplacements ayant un caractère temporaire.
(2) A expliquer dans la colonne *Observations*.

Le 19

Le Général commandant le corps d'armée.

• CORPS D'ARMÉE.

ᵉ DIVISION.

• BRIGADE.

• RÉGIMENT D

MODÈLE Nº 2.

Instr. du 26 juillet 1912.

Chapitre V. — Art. 33.

Format tellière : 32 sur 21.

EXERCICES

D'EMBARQUEMENT ET DE DÉBARQUEMENT

SUR LES VOIES FERRÉES.

RECONNAISSANCE du matériel et des ponts volants mis par la compagnie des chemins de fer d à la disposition du pour les exercices d'embarquement effectués le à la gare d

1º État du matériel avant les exercices.

2º État du matériel après les exercices, avec indication et imputation des dégradations survenues pendant lesdits exercices.

A , le 19

Le Chef de gare,
(Indiquer la qualité de l'agent.)

Le Chef de détachement,
(Indiquer le grade et le corps.)

CORPS D'ARMÉE.

Année 19 .

Modèle n° 3.

Instruction
du 26 juillet 1912.

Chapitre V. — Article 33.

RÉSEAU D

GARE D

EXERCICES D'EMBARQUEMENT ET DE DÉBARQUEMENT SUR LES VOIES FERRÉES.

BON D'ÉCLAIRAGE DES EXERCICES DE NUIT.

DATES des exercices.	DÉSIGNATION du régiment et de l'élément	COMBUSTIBLES CONSOMMÉS.				Durée de l'exercice.	Nombre des heures d'éclairage.	Consommation horaire (1).	Quantité des combustibles consommés et.	Prix de l'unité (2).	Recettes.
		NOMBRE DES APPAREILS ALLUMÉS									
		à l'huile végétale.	à l'huile minérale.	au gaz.	à l'électricité.						
TOTAUX......											

(1) S'il y a lieu.
(2) Heure, litre, kilogramme, mètre cube, etc.

EMPLACEMENT D'accessoires détériorés par la troupe ou hors d'usage.				MONTANT TOTAL de la dépense d'éclairage.	CERTIFICATION EN TOUTES LETTRES PAR LE CHEF DE DÉTACHEMENT du nombre d'heures d'éclairage et mention des accessoires à remplacer.		
Désignation des accessoires.	Nombre	Prix de l'unité.	Dé-compte.		Nombre d'heures.	Accessoires.	Signatures.

Nous, soussigné, représentant de la compagnie de chemins de fer susindiquée, déclarons que la somme à rembourser à ladite compagnie pour l'éclairage fourni à la troupe pendant les exercices de nuit de l'année 19 , s'élève à

A , le 19 .

Le Chef de gare.

e CORPS D'ARMÉE.

e DIVISION.

e BRIGADE.

e RÉGIMENT D

TRAINS mis en marche pour exercices militaires d'embarquements et de débarquements sur les voies ferrées.

MODÈLE N° 4.

Instruction du 26 juillet 1912.

Chapit. V. — Art. 32.

RÉSEAU D

Gare d

BULLETIN DE CONSTATATION

Machine N° **Mécanicien :**

DURÉE
DU TEMPS PENDANT LEQUEL LA MACHINE A ÉTÉ EMPLOYÉE.

Heure de la mise en tête du train (1) :	h.	m.
Heure de la cessation des exercices (2) :	h.	m.
Durée effective pendant laquelle la machine a été employée.........	h.	m.

A , le 19 .

Dressé et certifié par le chef de gare,

Reconnu exact par le chef de détachement,
(Indiquer le grade, l'emploi et le corps.)

(1) Ou heure du départ du dépôt } pour les gares qui, n'ayant pas de machine, ou ne pouvant
(2) Ou heure de rentrée au dépôt } en disposer, sont obligées d'en demander à un dépôt voisin.

PLANCHES

Accessoires pour l'embarquement du matériel en chemin de fer.

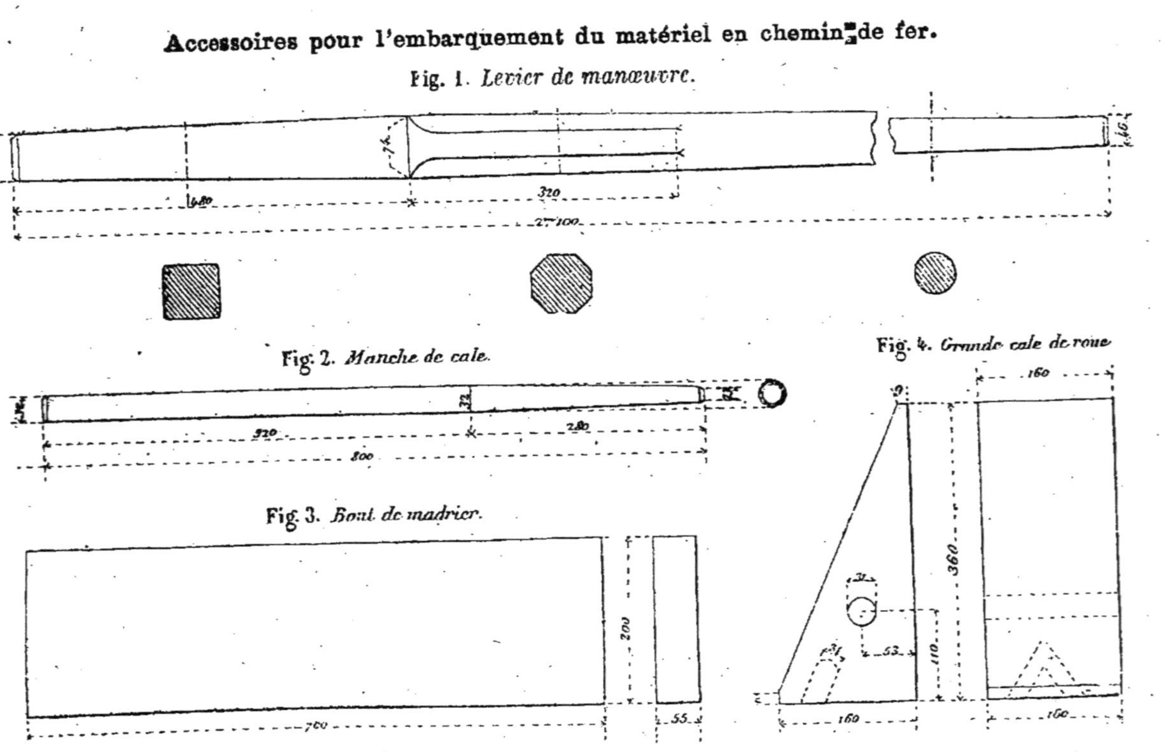

Planche II.

Pont volant.

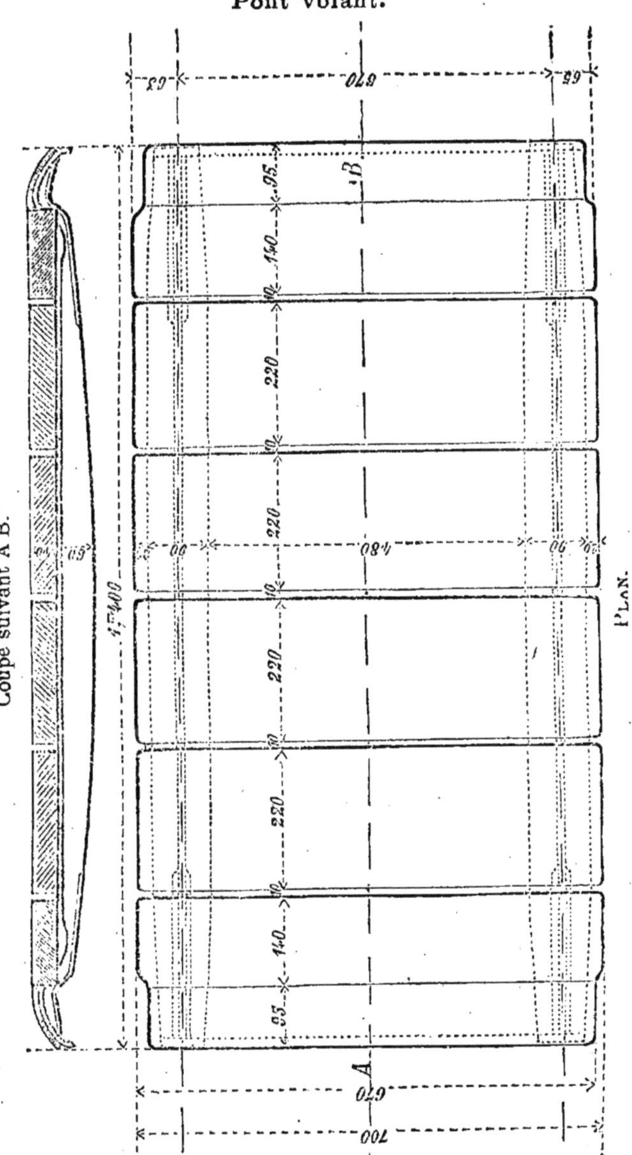

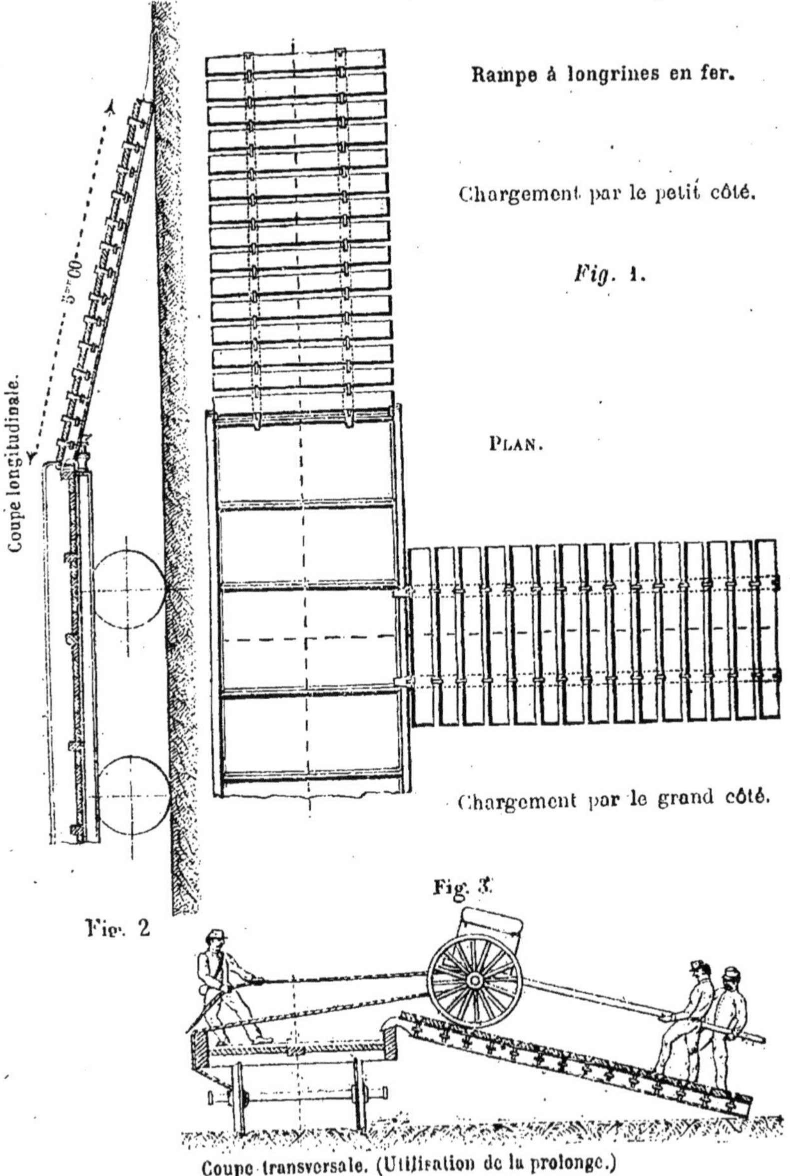

Coupe transversale. (Utilisation de la prolonge.)

Rampe à longrines en fer (Détails).

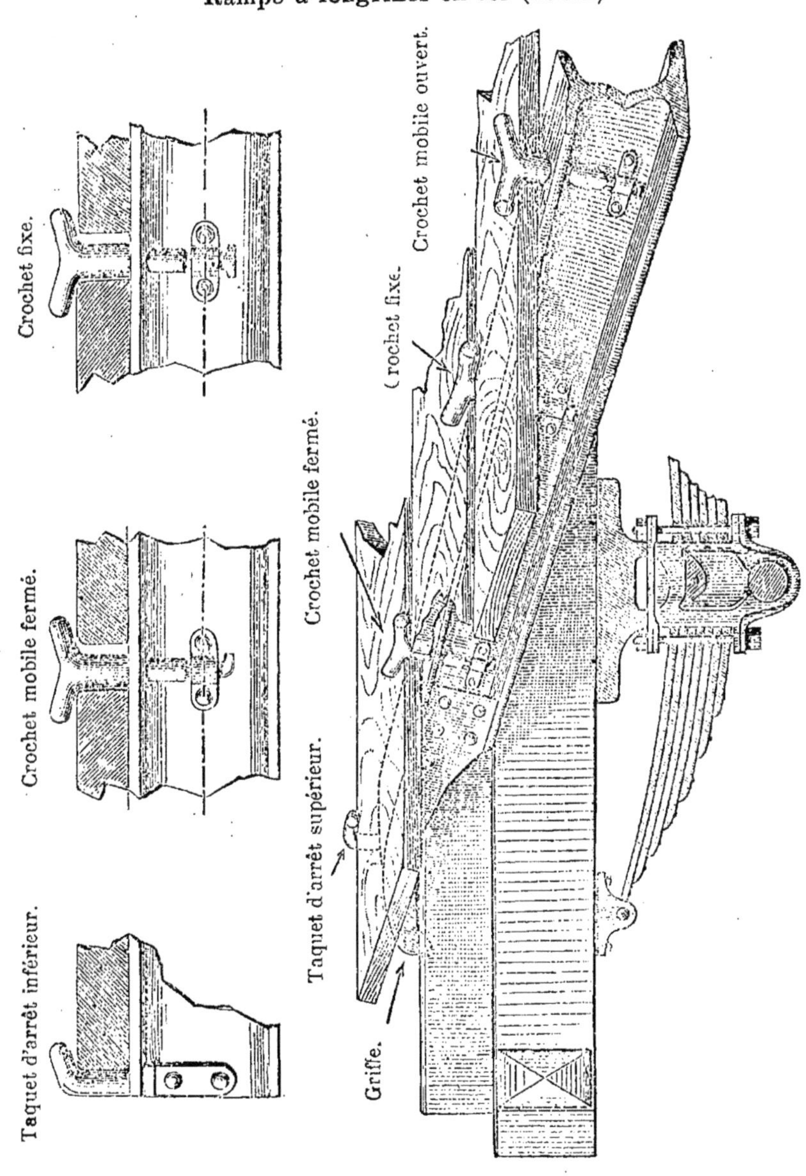

Rampe à longrines en acier modèle 1888.

Fig. 1.
Élévation.

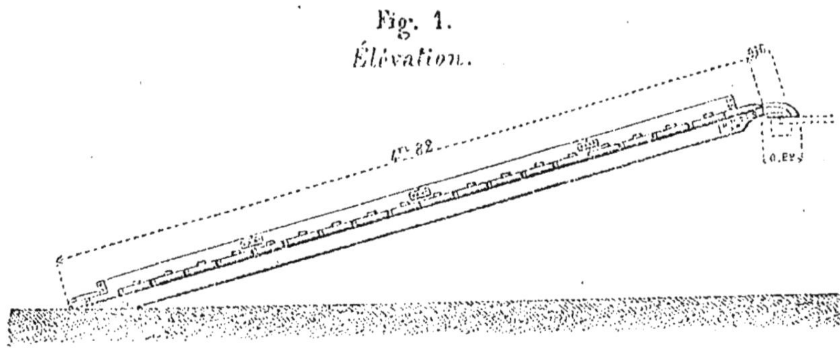

Fig. 2.
Plan.

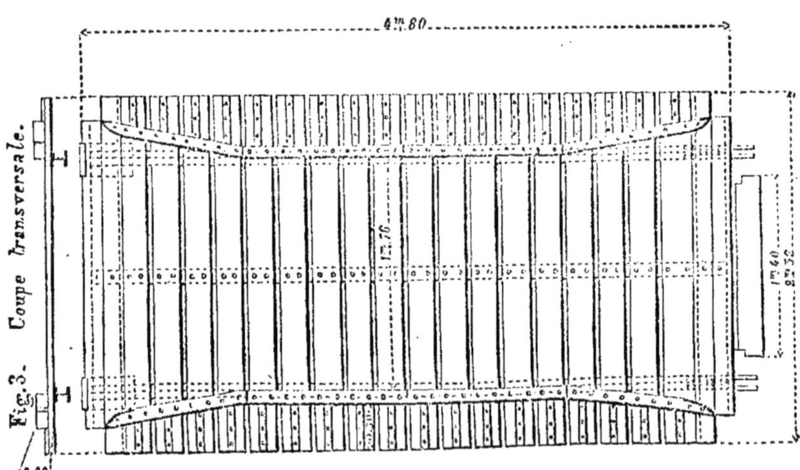

Poulie universelle (1/4).

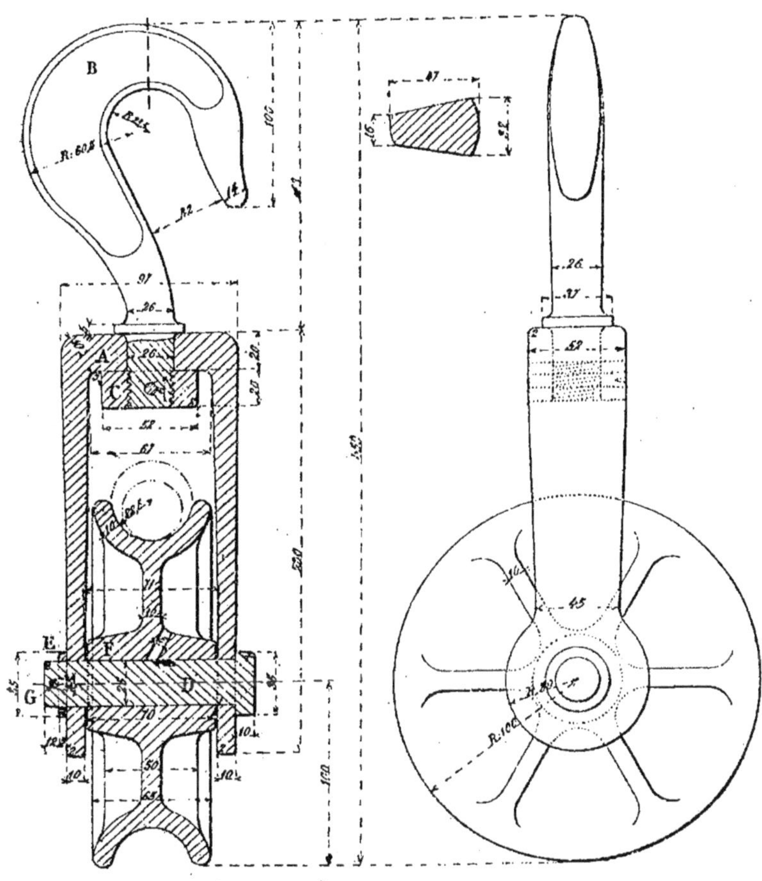

A. — *Chape.* Acier extra-doux ou fer de 2ᵉ catégorie. Pliée sur une forme les bords, les bouts et les parties arrondies limées. Toutes les arêtes sont arrondies de 0ᵐ.002 de rayon.

B. — *Crochet.* Acier extra-doux ou fer de 2ᵉ catégorie. Étampé et plié sur une forme. Le bout et les bavures limés; la tige filetée.

C. — *Écrou du crochet.* Acier extra-doux.

D. — *Axe du rouet.* Acier doux. Tourné.

E. — *Rondelle d'axe.* Acier doux. Tournée.

F. — *Rouet.* Fonte douce de 2ᵉ fusion. Le trou de l'axe est percé au foret. Les deux faces du moyeu tournées.

G. — *Goupille d'axe.* Acier demi-doux. (Goupille double.)

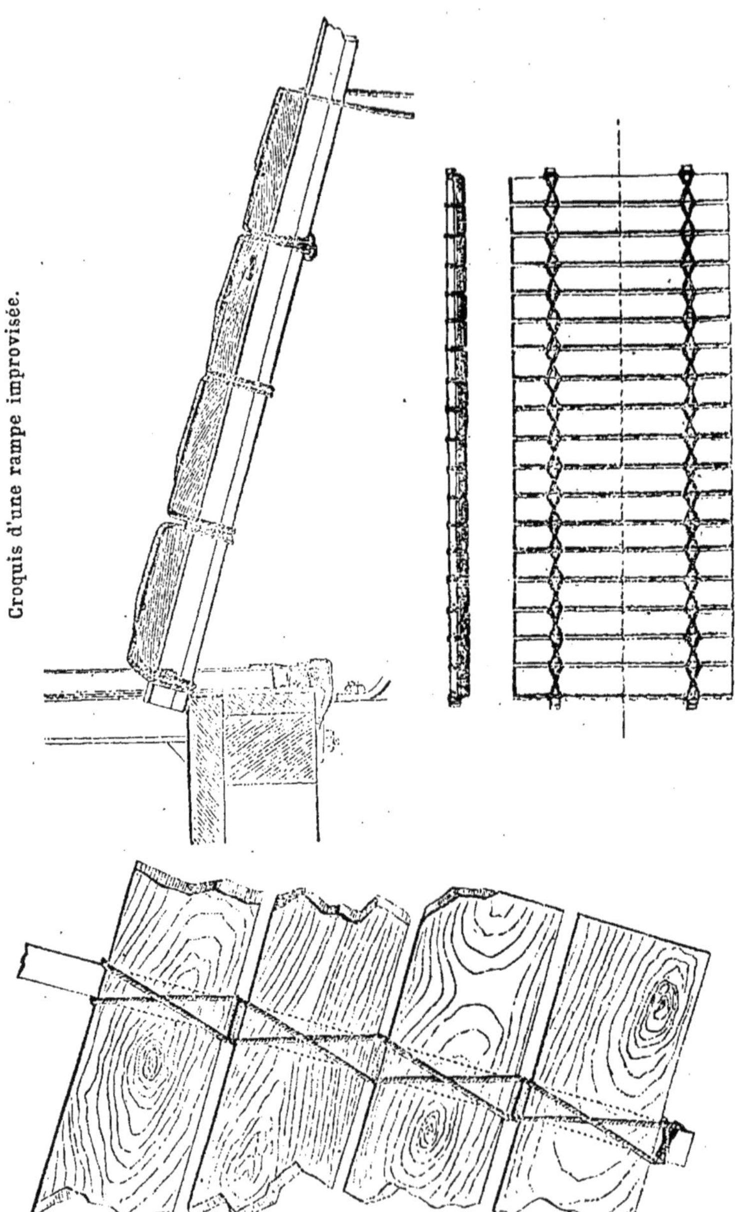

Croquis d'une rampe improvisée.

Chargement dans un wagon couvert.

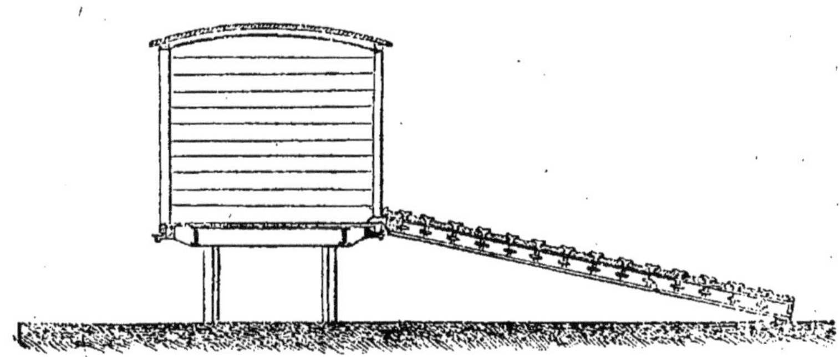

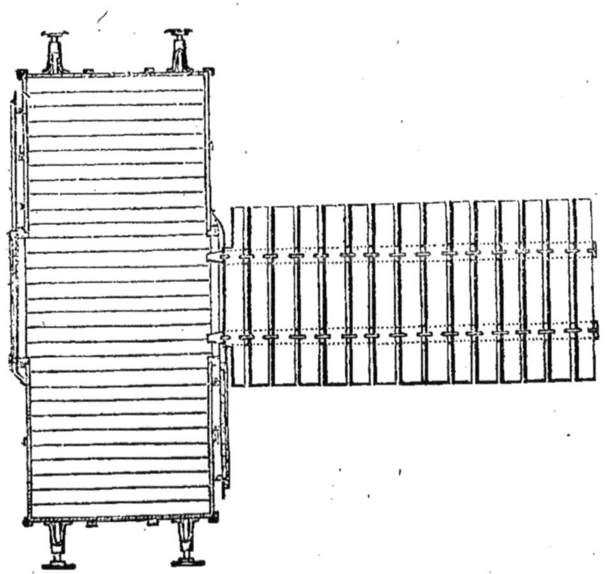

Vagon à marchandises aménagé pour le transport des hommes.
(Bancs type Foucault.)

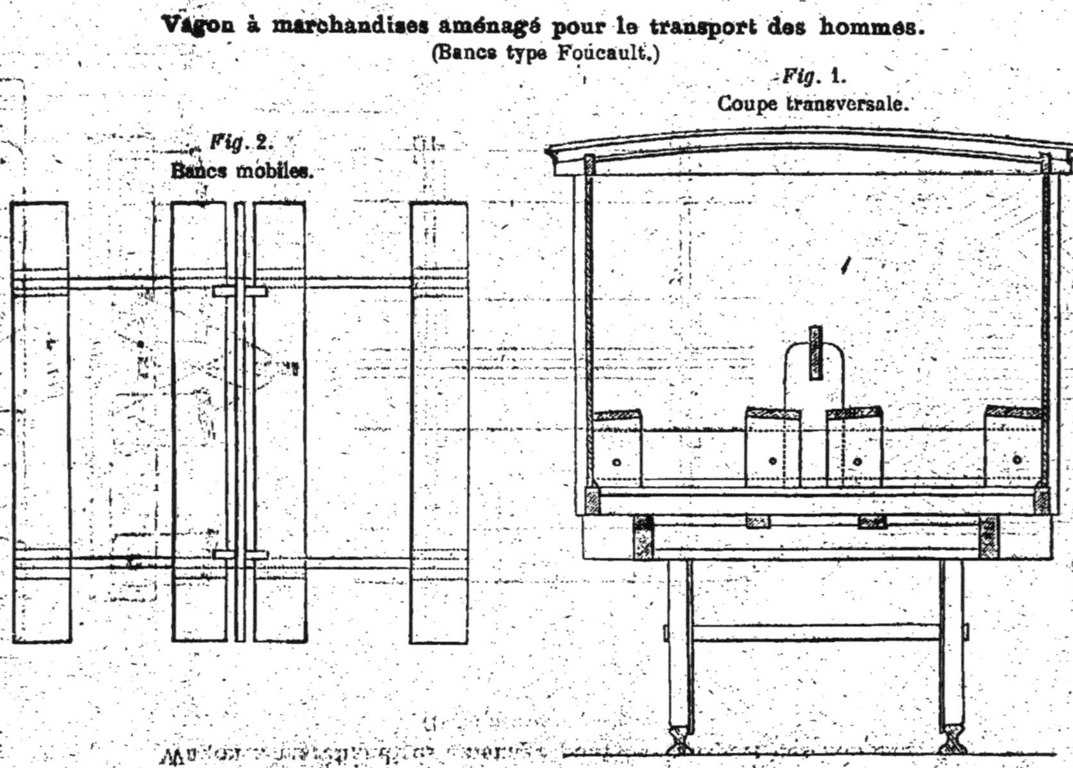

Wagon à marchandises aménagé pour le transport des hommes.
(Banc nouveau modèle.)

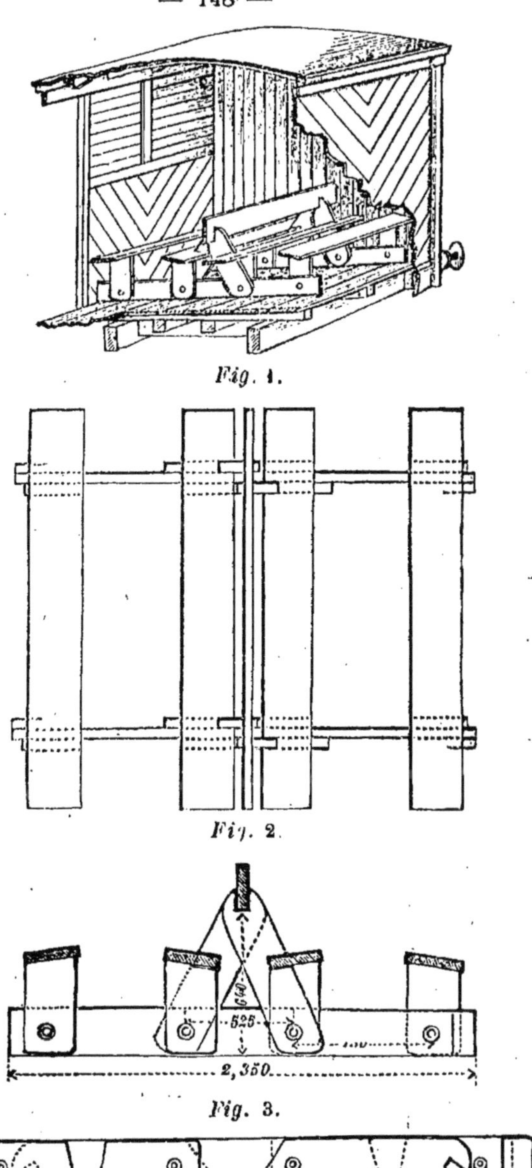

Fig. 1.

Fig. 2.

Fig. 3.

Fig. 4.

Inscriptions placées sur les wagons.

Marque d'exclusion.

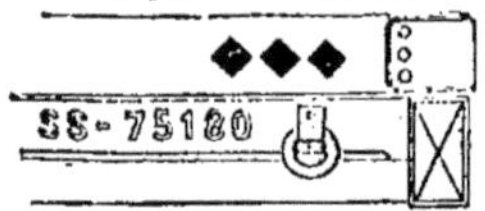

Cartouche indiquant la contenance des véhicules.

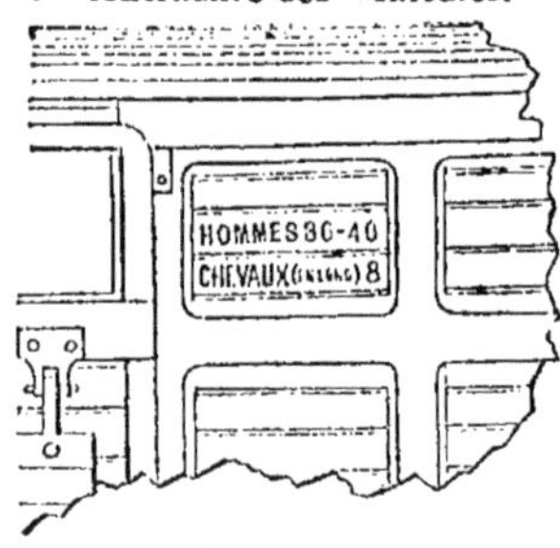

Organes de traction et de fermeture militaire des portes des wagons à marchandises.

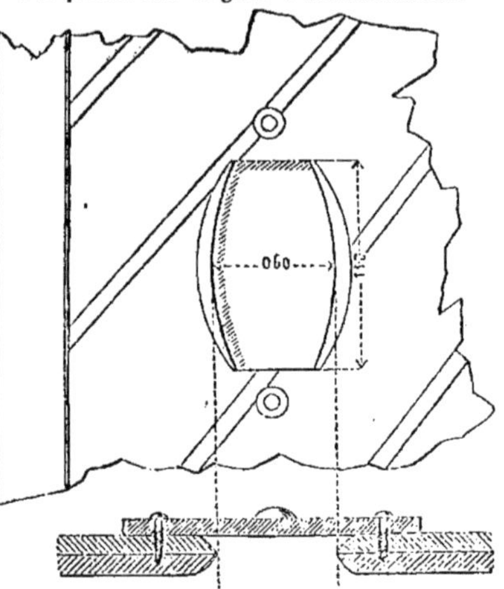

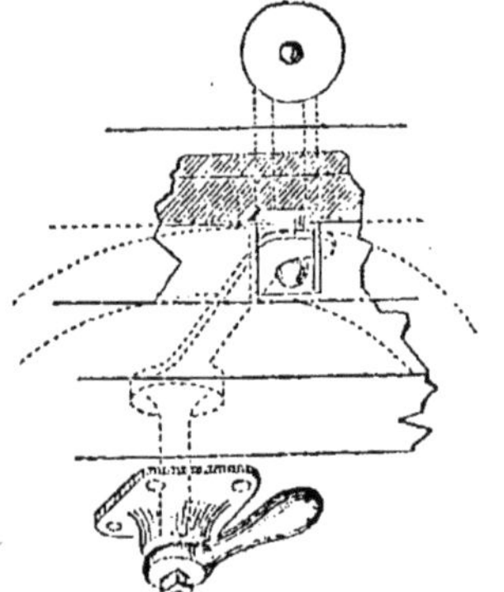

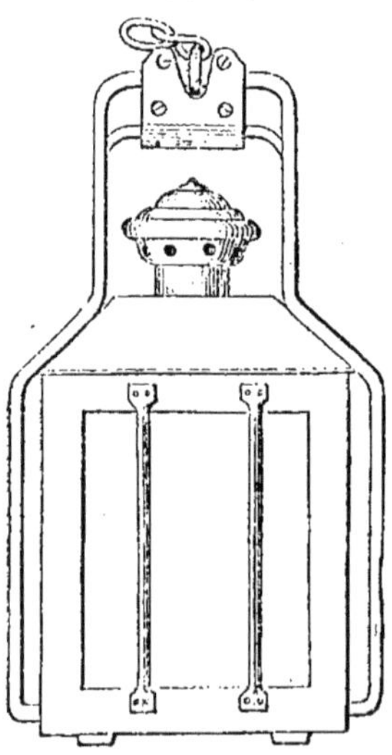

Lanterne.

Organe de suspension de la lanterne.

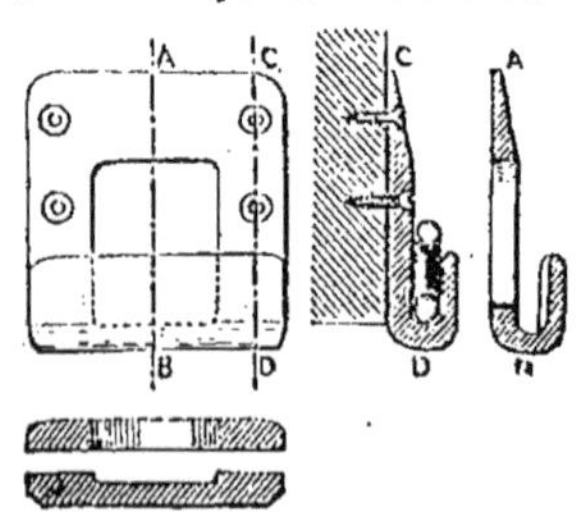

Vagon de 5^m,80 aménagé pour 32 hommes.

Echelle de 0^m,020 pour 1 mètre.

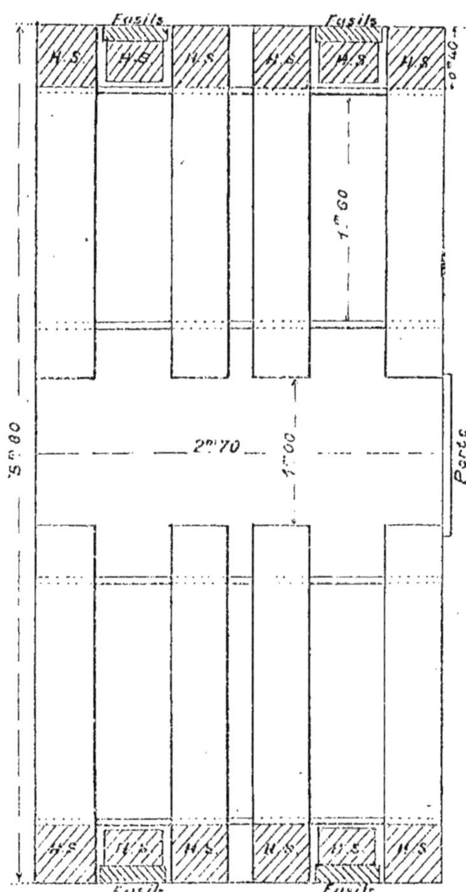

Même dispositif pour les vagons au-dessus de 5^m,80
et jusqu'à 5^m,93.

Vagon de 6 mètres aménagé pour 36 hommes.

Echelle de 0^m,020 pour 1 mètre.

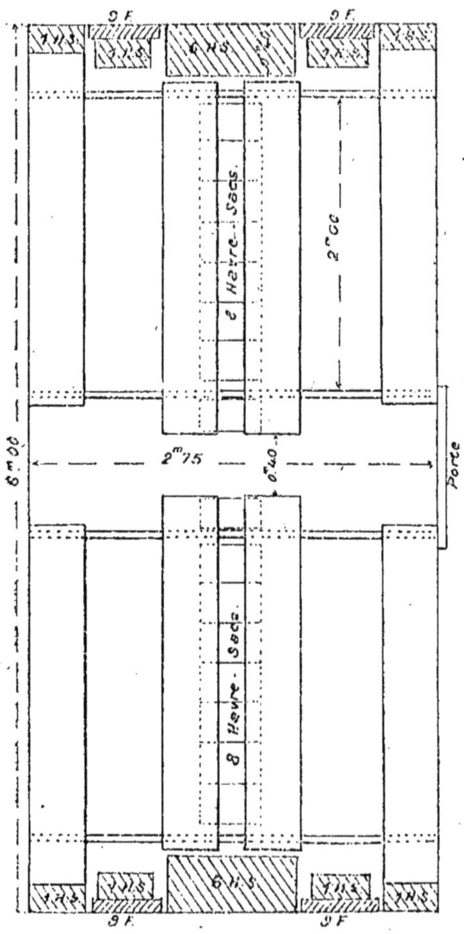

Même dispositif pour les vagons de 5^m,94 et jusqu'à 6^m,43.

Vagon de 6ᵐ,44 aménagé pour 40 hommes.

Echelle de 0ᵐ,020 pour 1 mètre.

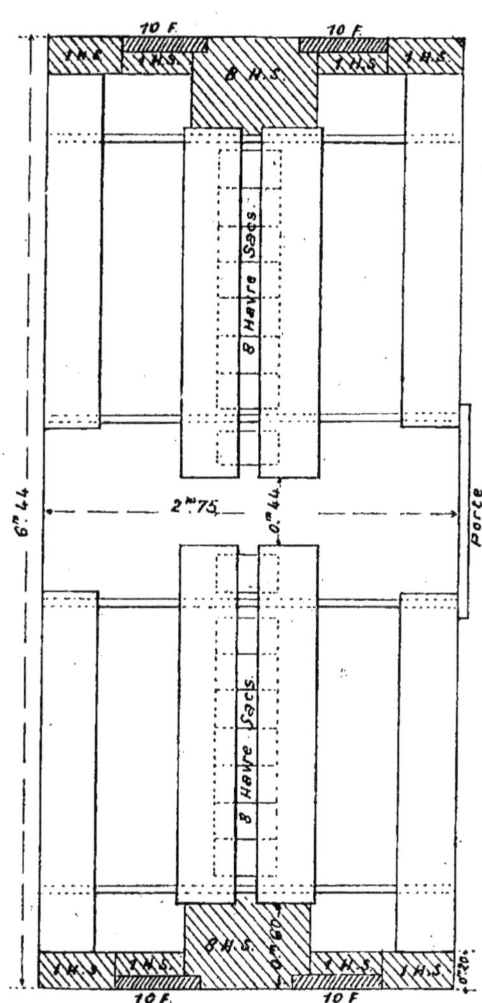

Même dispositif pour les vagons au-dessus de 6ᵐ,44
jusqu'à 7ᵐ,40.

Vagon de 7ᵐ,40 aménagé pour 44 hommes.

Echelle de 0ᵐ,020 pour 1 mètre.

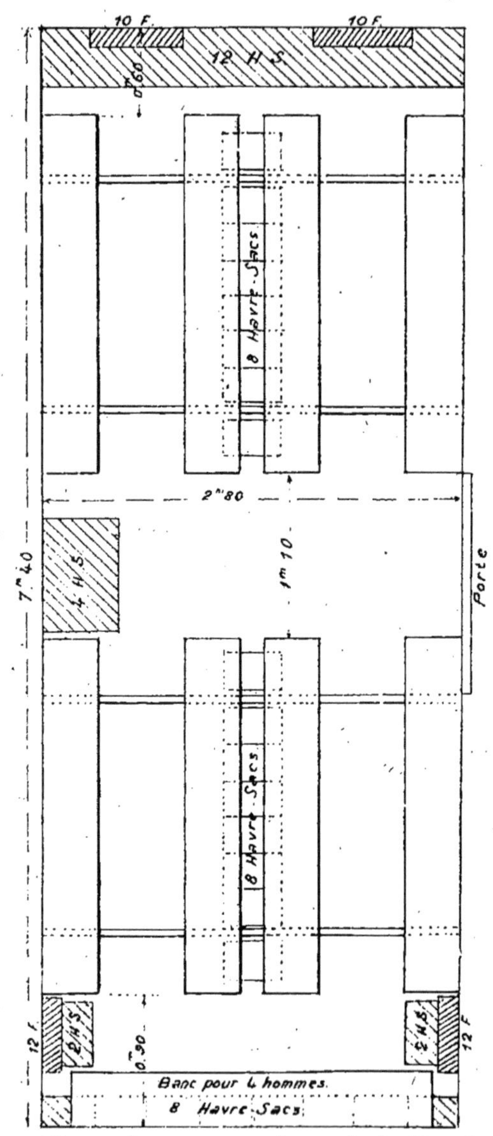

Même dispositif pour les vagons au-dessus de 7ᵐ,40 et jusqu'à 7ᵐ,90.

Vagon de 7ᵐ,91 aménagé pour 50 hommes.

Echelle de 0ᵐ,020 pour 1 mètre.

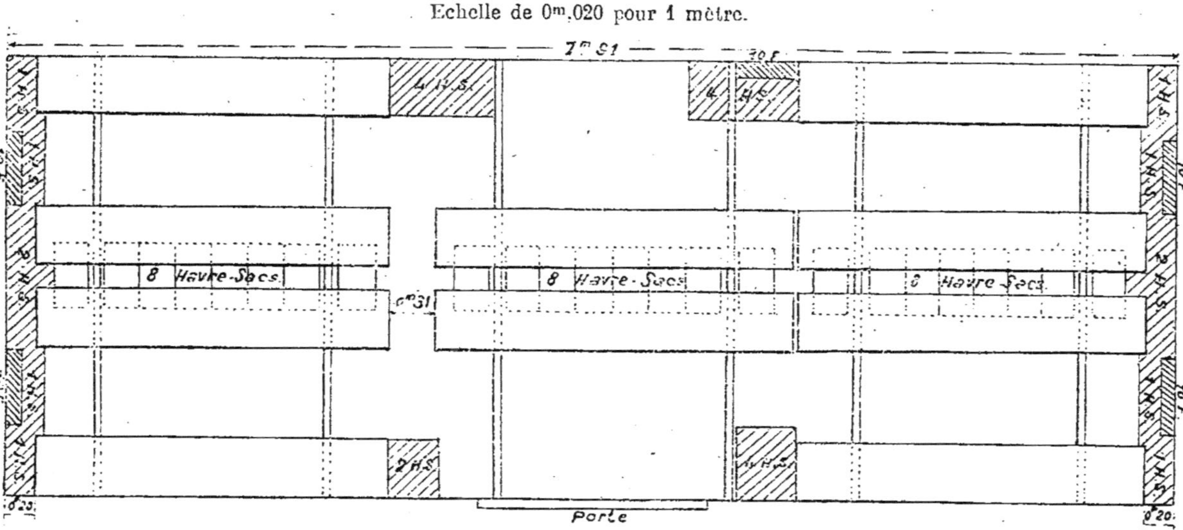

Même dispositif pour les vagons au-dessus de 7ᵐ,91 et jusqu'à 9 mètres.

Vagon à chevaux vide.

Fig. 1.

Compartiment de 3ᵉ classe non pourvu de filets ou de planches porte-bagages.

(Placement des armes et des sacs.)

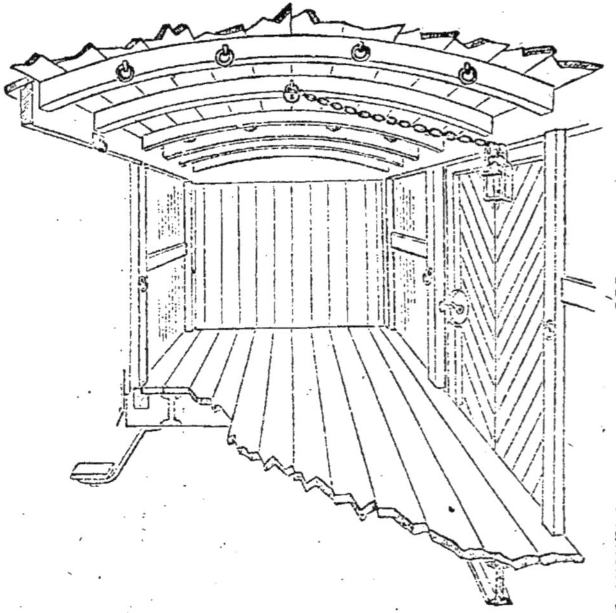

Fig. 2.

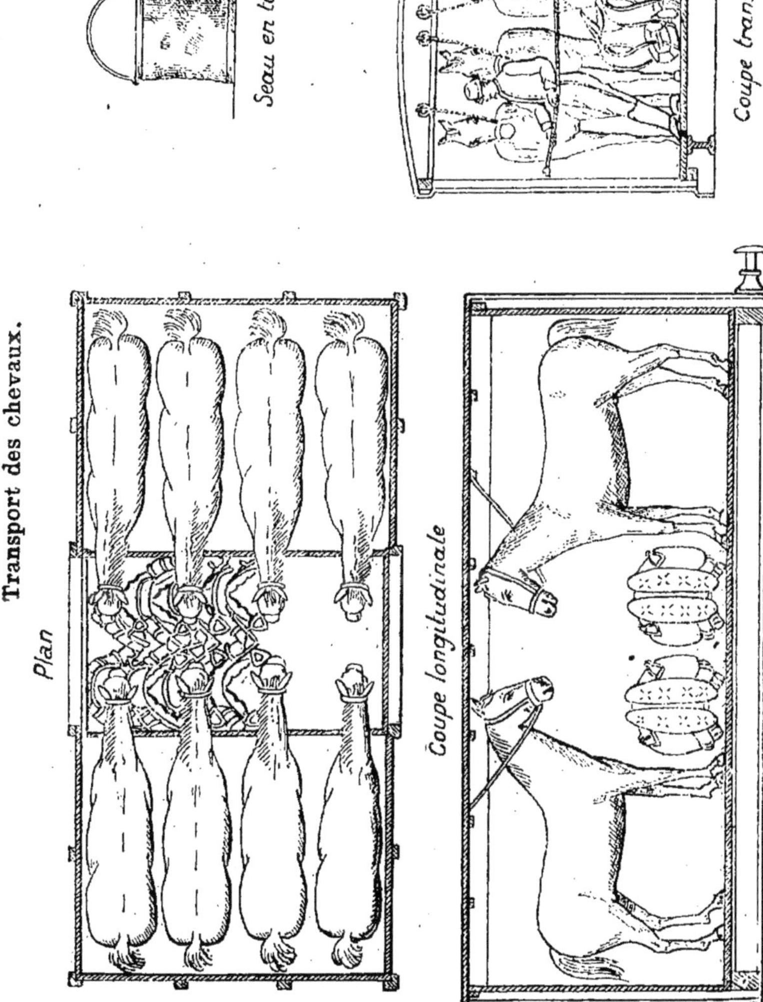
Seau en toile
Coupe transversale
Transport des chevaux.
Plan
Coupe longitudinale

Equipages régimentaires, ambulances, convois.

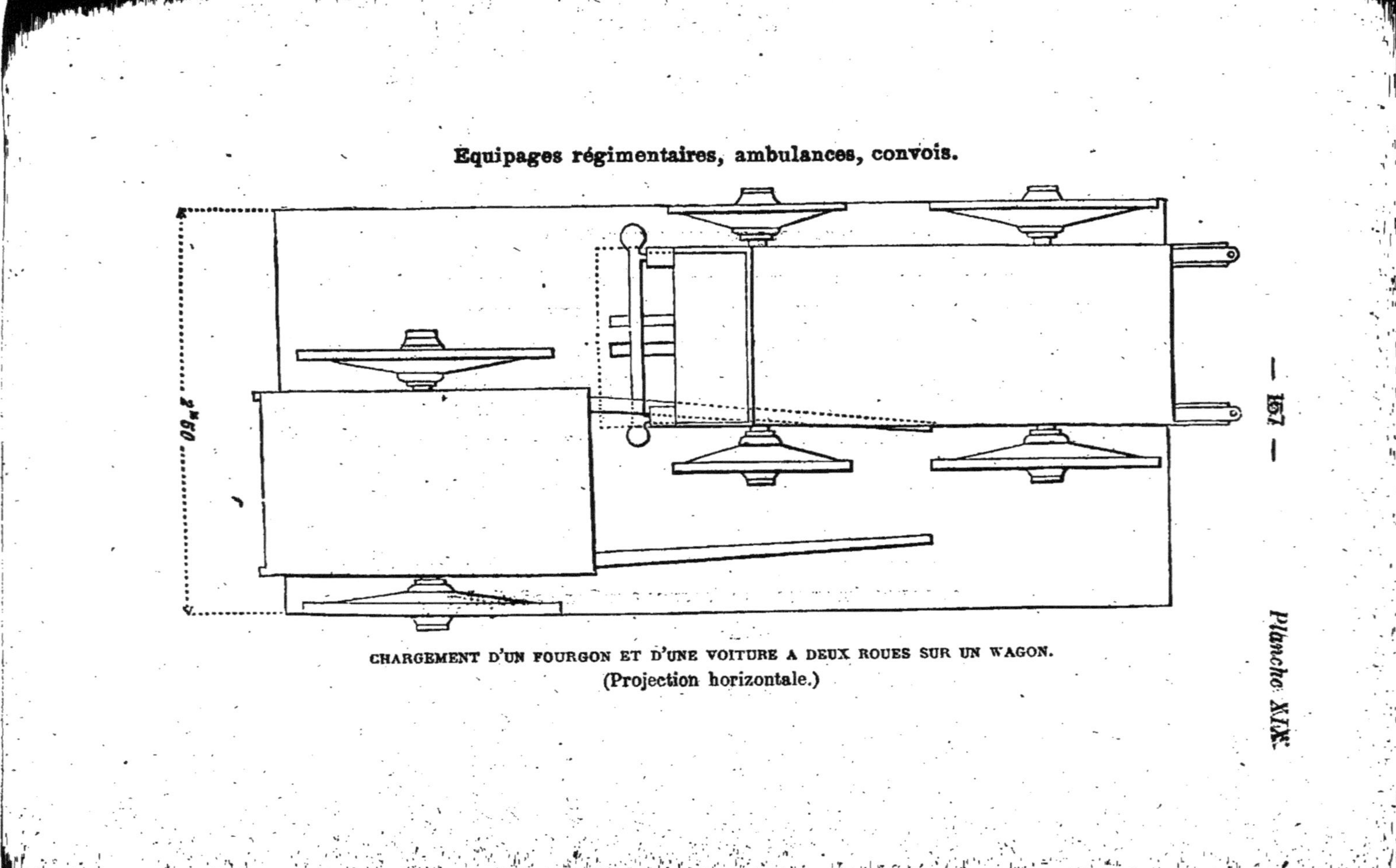

CHARGEMENT D'UN FOURGON ET D'UNE VOITURE A DEUX ROUES SUR UN WAGON.
(Projection horizontale.)

Équipages régimentaires, ambulances, convois.

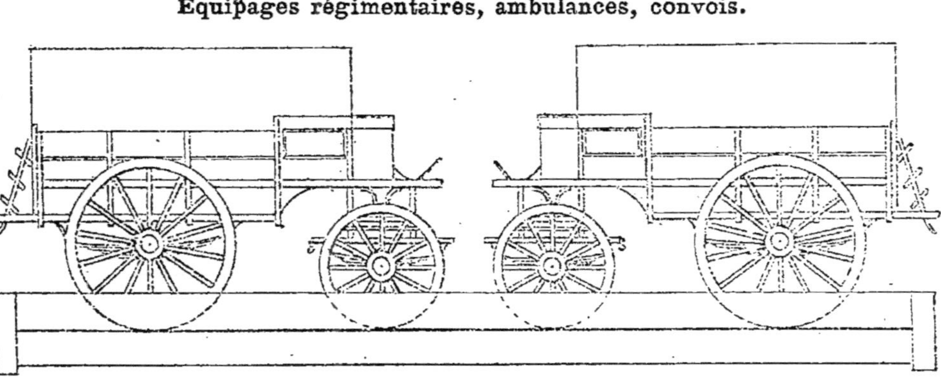

Chargement normal de 2 fourgons.

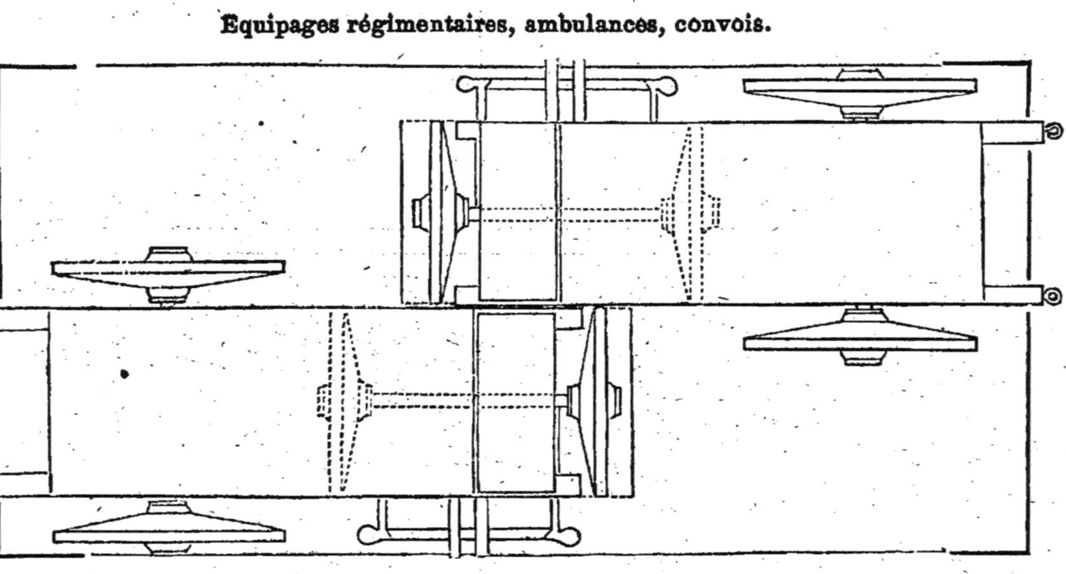

CHARGEMENT PARTICULIER DE DEUX VOITURES A TOURNANT COMPLET.
(Projection horizontale.)

Équipages régimentaires, ambulances, convois.

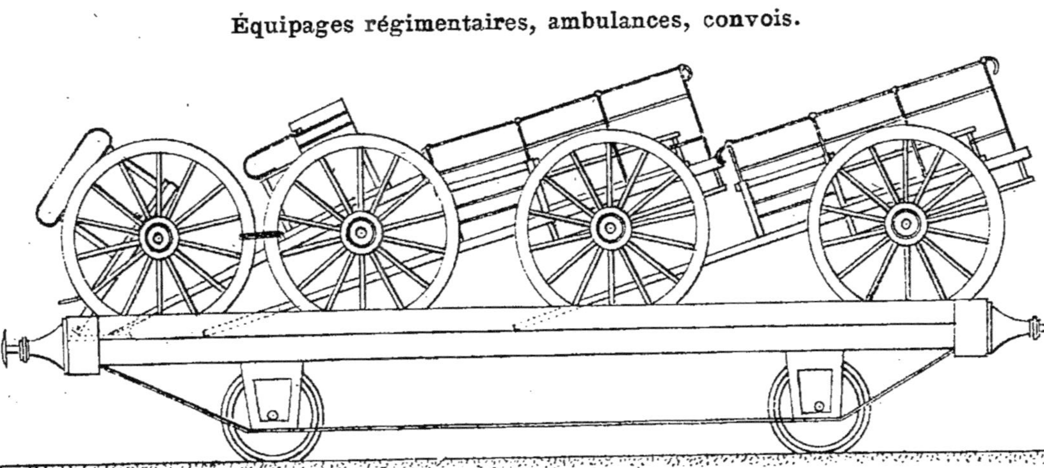

Chargement de deux voitures de compagnie et d'un caisson pour mitrailleuses.

Équipages régimentaires, ambulances convois.

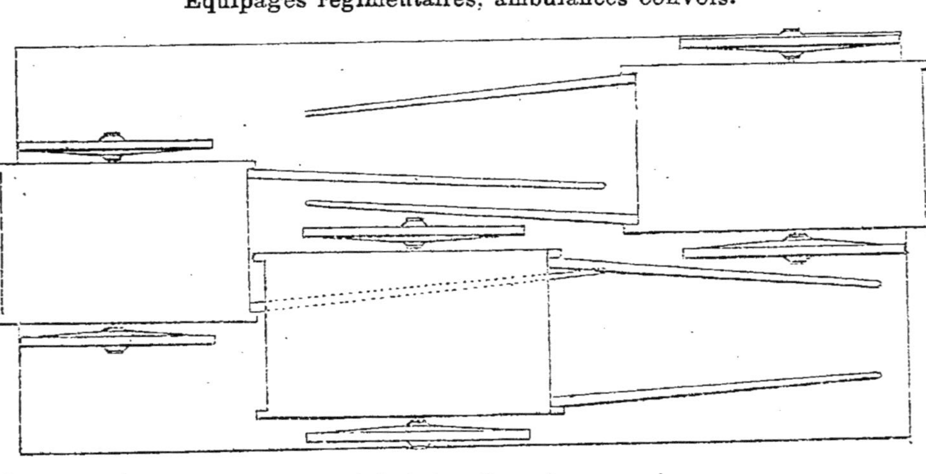

Chargement de trois voitures de compagnie.

(Projection horizontale.)

Équipages régimentaires, ambulances, convois.

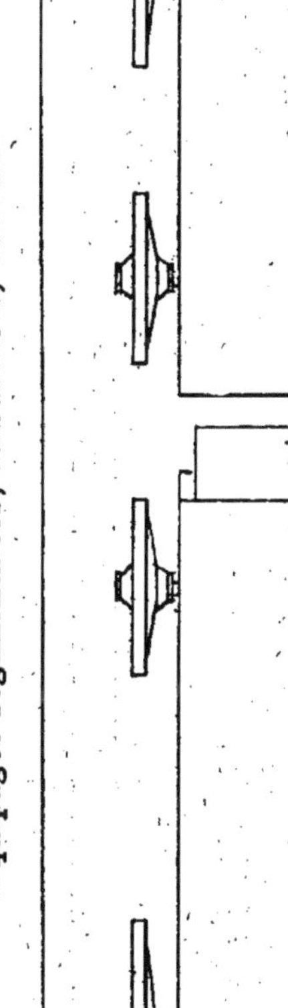

Chargement d'une fourragère et d'une voiture à viande.

(Projection horizontale.)

Équipages régimentaires, ambulances, convois.

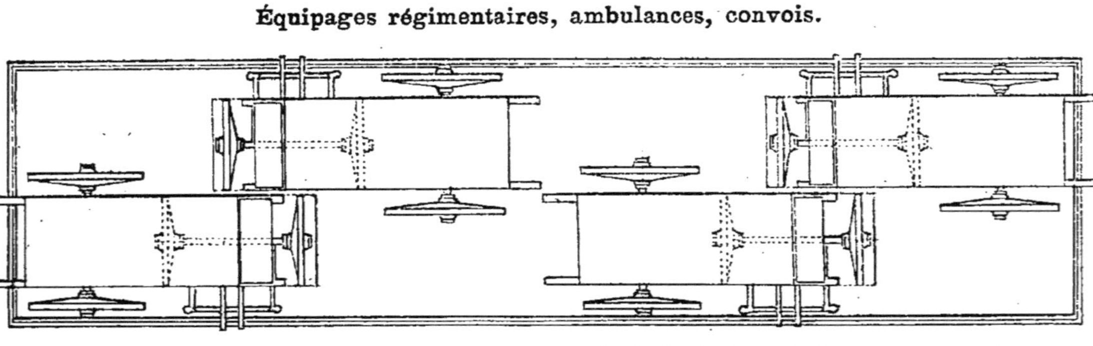

Chargement de quatre fourgons. (Projection horizontale.)

Nota : Mettre les freins à l'extérieur :

ARTILLERIE. — **Matériel de 75^{mm}.**

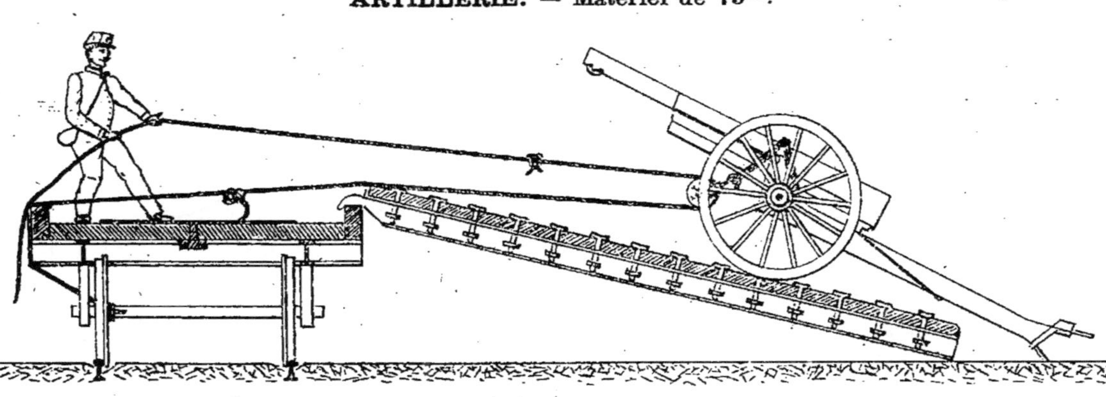

Embarquement d'une pièce à l'aide d'une rampe.

ARTILLERIE. — Matériel de 75.

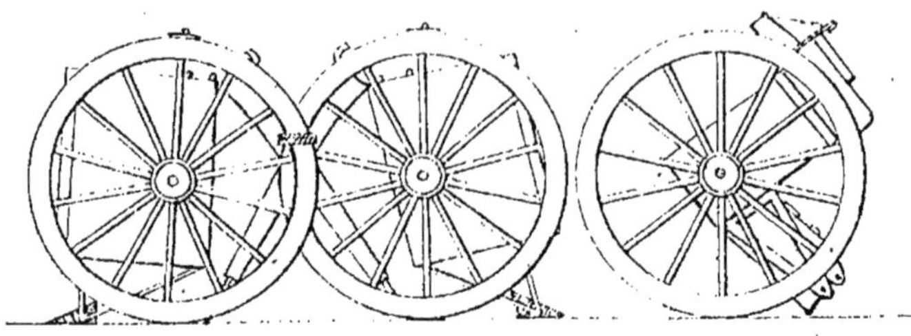

Chargement de deux arrière-trains de caisson et d'un avant-train.

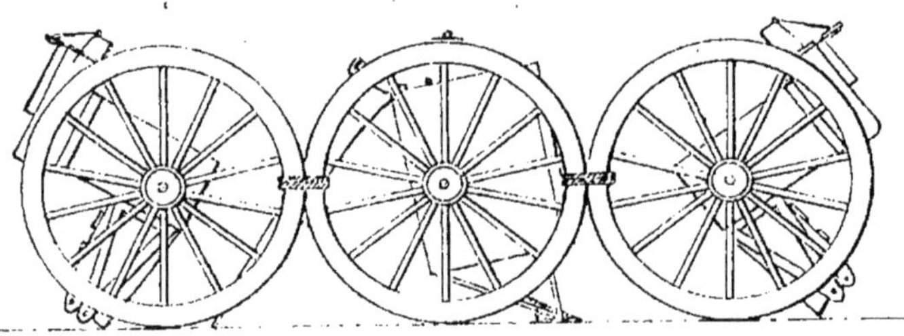

Chargement de deux avant-trains et d'un arrière-train de caisson.

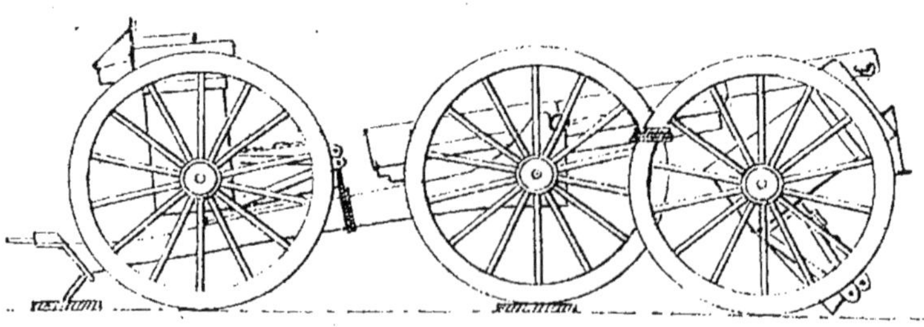

Chargement d'un canon complet et d'un avant-train.

ARTILLERIE. — Matériel de 75.

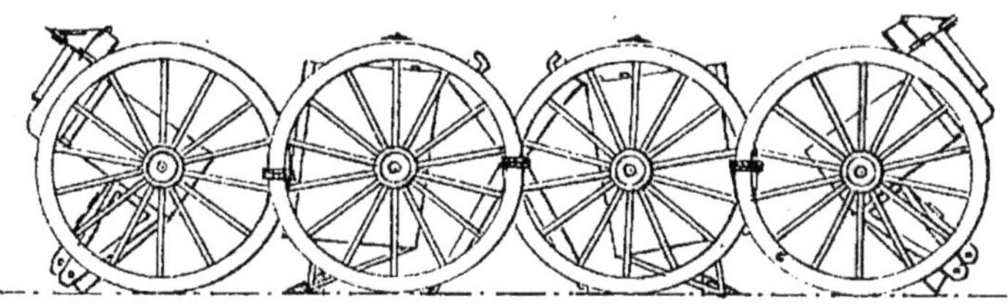

Chargement de deux caissons.

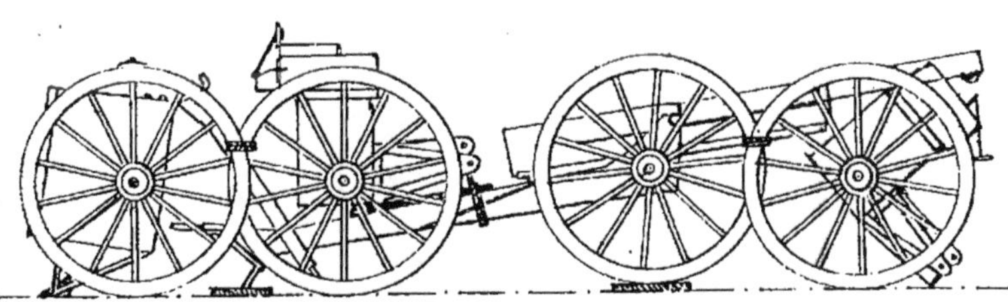

Chargement d'un canon et d'un caisson.

ARTILLERIE. — Matériel de 75.

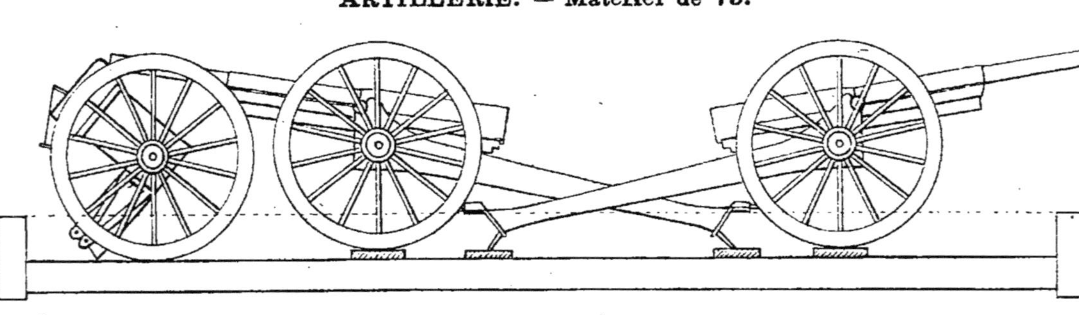

Chargement de deux arrière-trains de canon et un avant-train.

ARTILLERIE. — Matériel de 75.

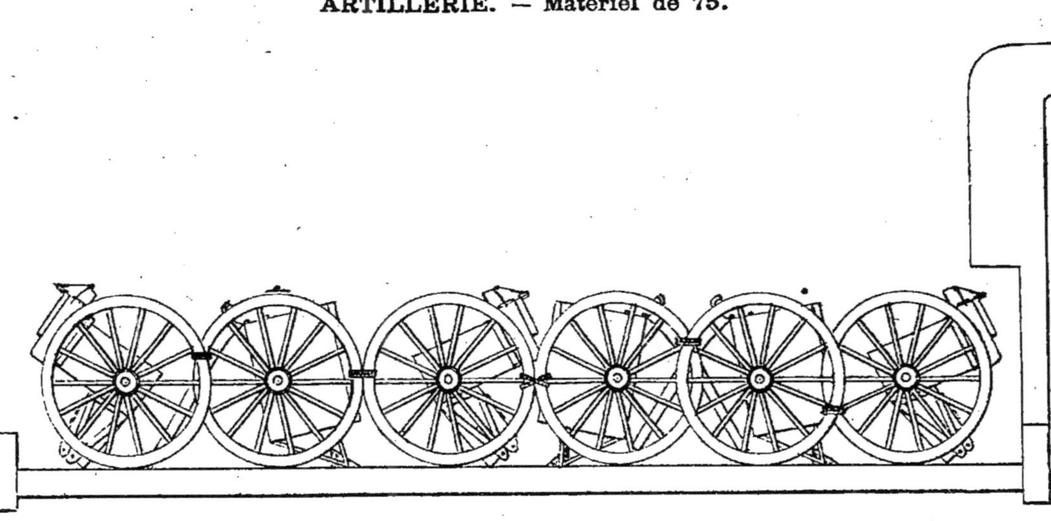

Chargement de trois caissons de 75.

ARTILLERIE. — Matériel de 75.

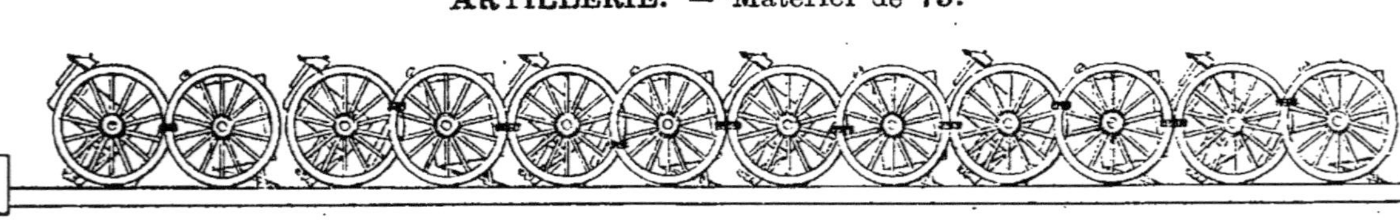

Chargement de six caissons.

Rampe mobile pour matériel de siège.

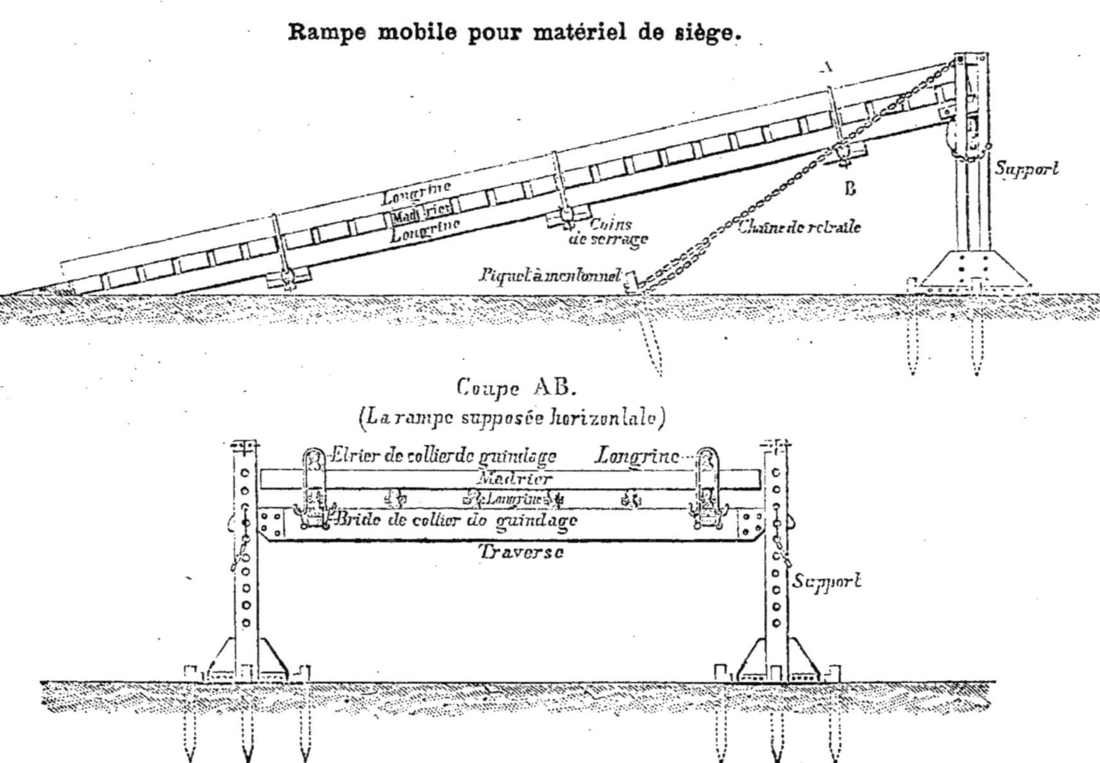

Coupe AB.
(La rampe supposée horizontale)

Accessoires spéciaux pour le matériel de siège.

Fig. 1. — Pont mobile.

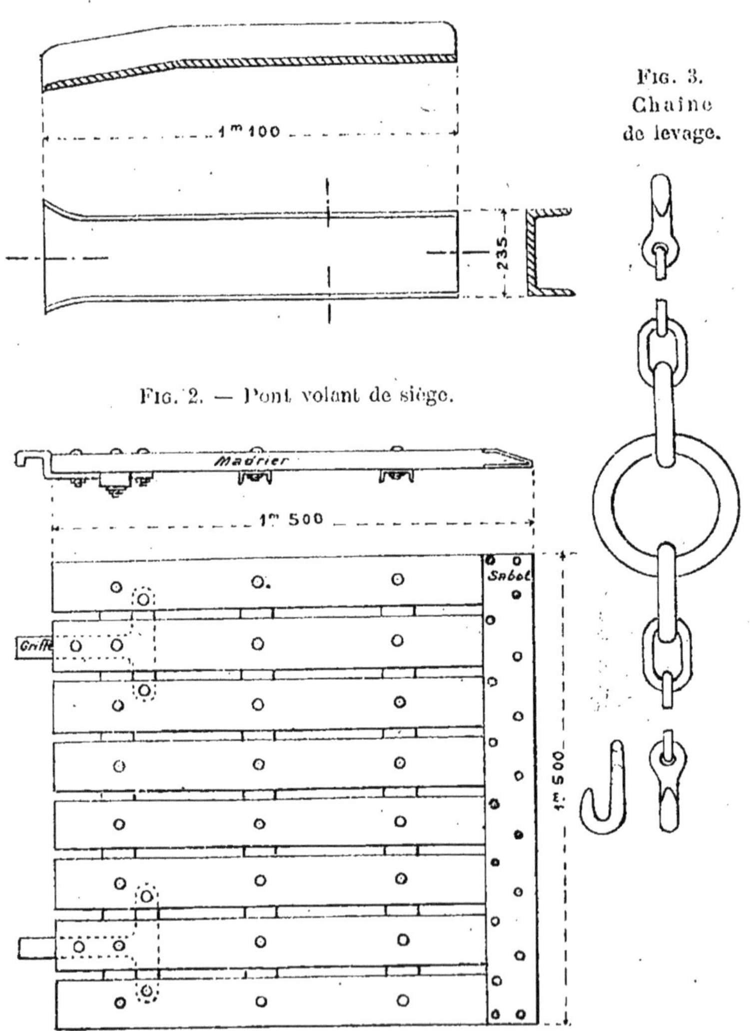

Fig. 2. — Pont volant de siège.

Accessoires spéciaux pour le matériel de siège.

(Suite.)

Fig. 1. — Coin-rampe.

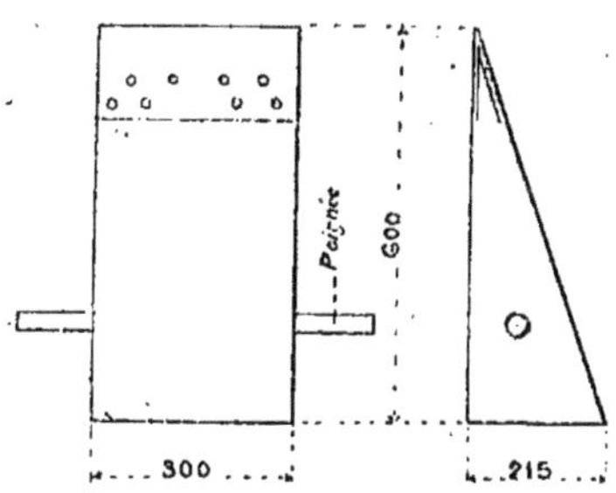

Fig. 2. — Traverse d'écartement.

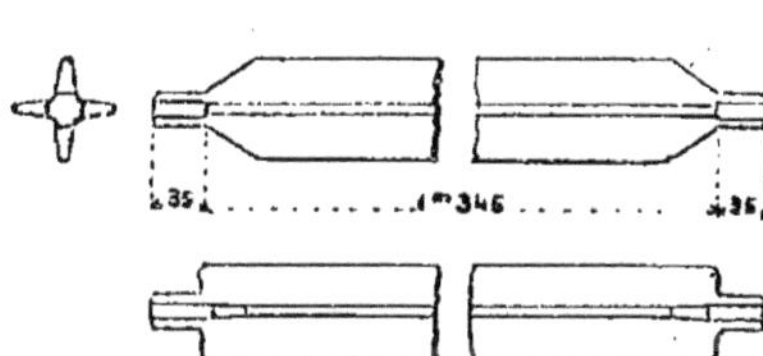

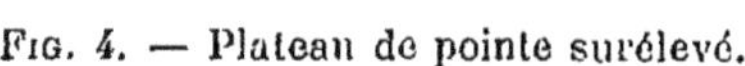

Fig. 3. — Chaîne de retenue.

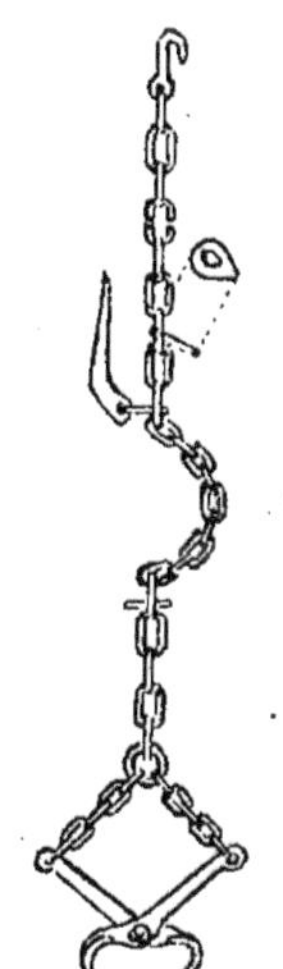

Fig. 4. — Plateau de pointe surélevé.

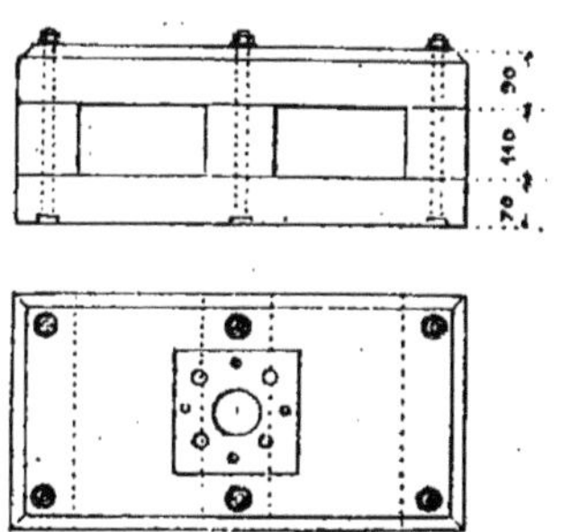

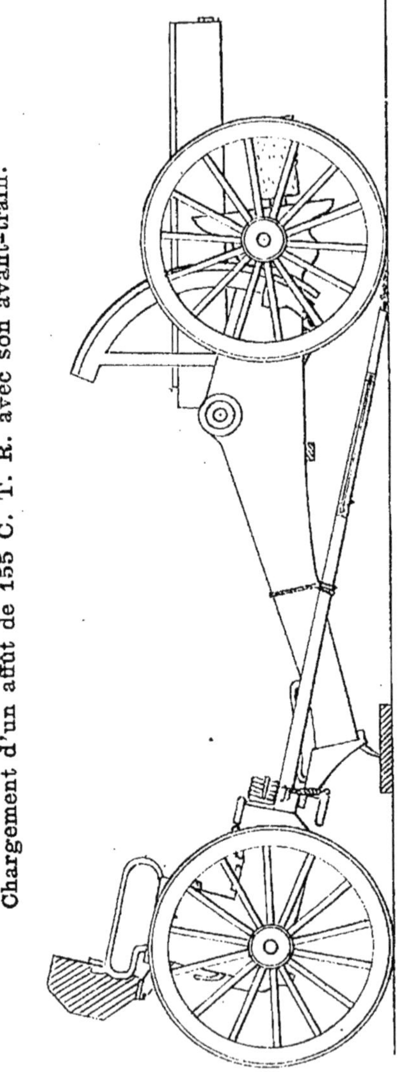

Chargement d'un affût de 155 C. T. R. avec son avant-train.

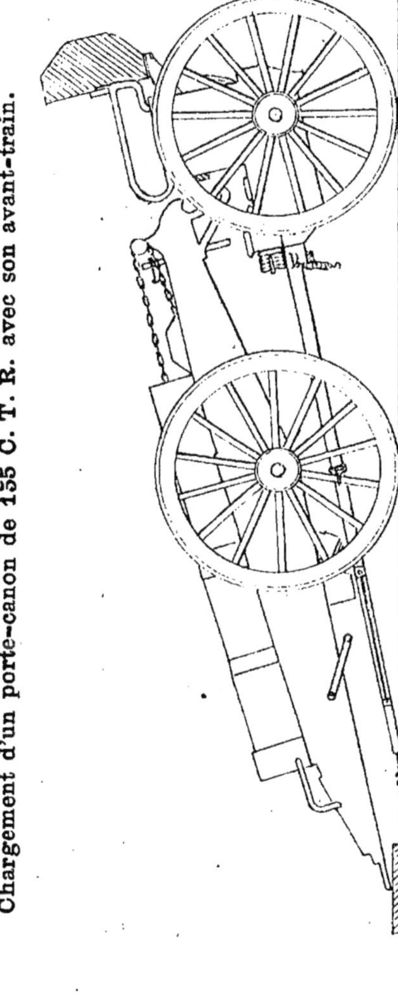

Chargement d'un porte-canon de 155 C. T. R. avec son avant-train.

Chargement, sur un même truc, d'un affût et d'un porte-canon de 155 C. T. R. avec leurs avant-trains.

Chargement de deux arrière-trains de caisson de 155 C. T. R.

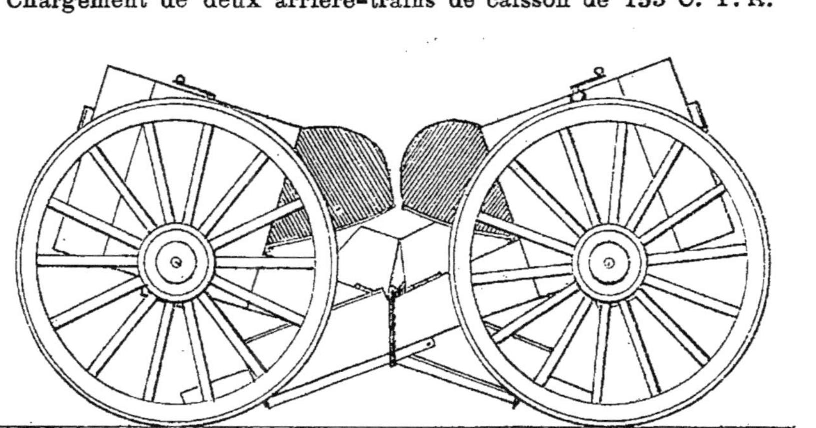

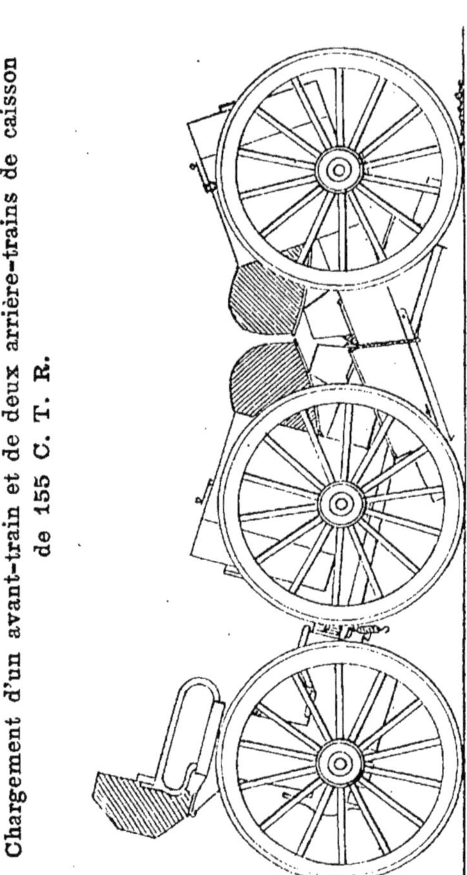

Chargement d'un avant-train et de deux arrière-trains de caisson de 155 C. T. R.

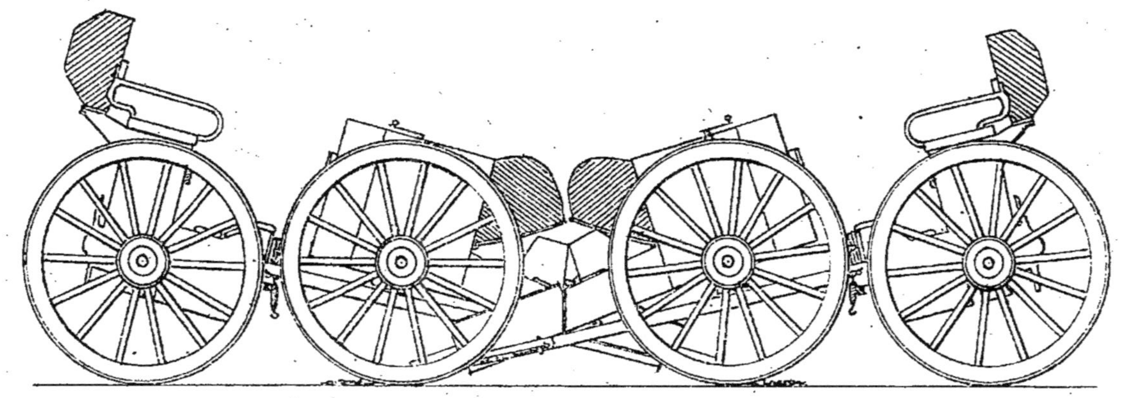

Chargement de deux caissons de 155 C. T. R. complets.

Chargement de deux avant-trains et d'un arrière-train de caisson
de 155 C. T. R.

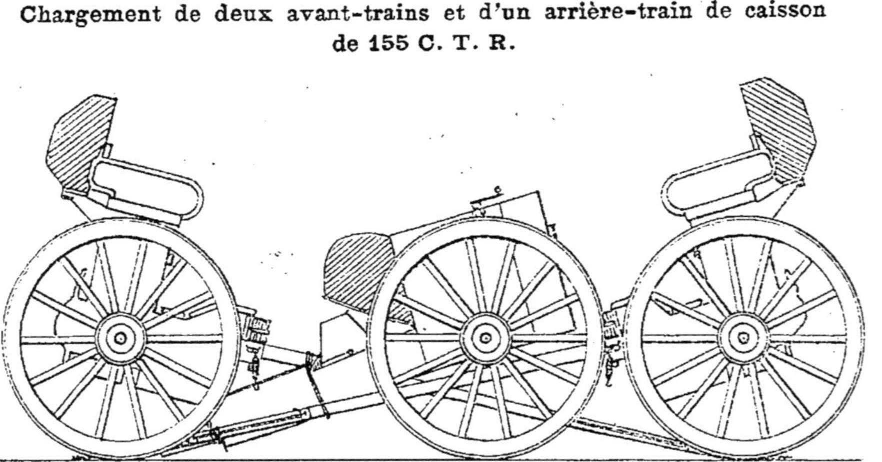

Chargement de la voiture-observatoire Modèle 1910 de 155·C. T. R.

Chargement d'un chariot-forge (ou d'un chariot de batterie)
de 155 C. T. R.

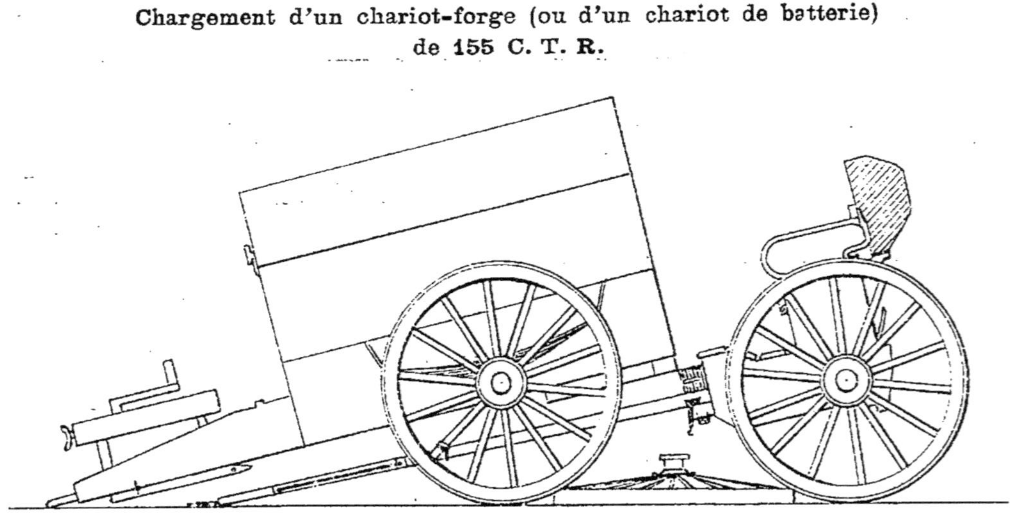

ÉQUIPAGES DE PONT.

HAQUET A BATEAU ENTRE DEUX CHARIOTS DE PARC.

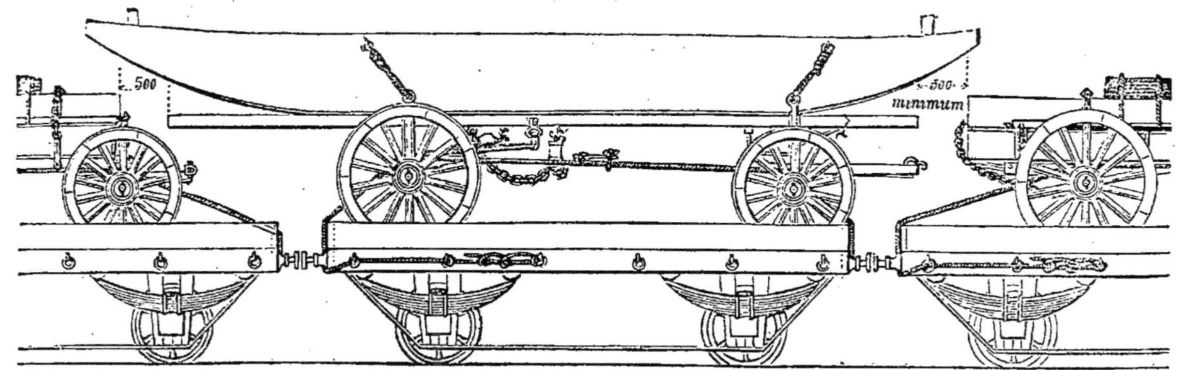

Embarquement des automobiles.

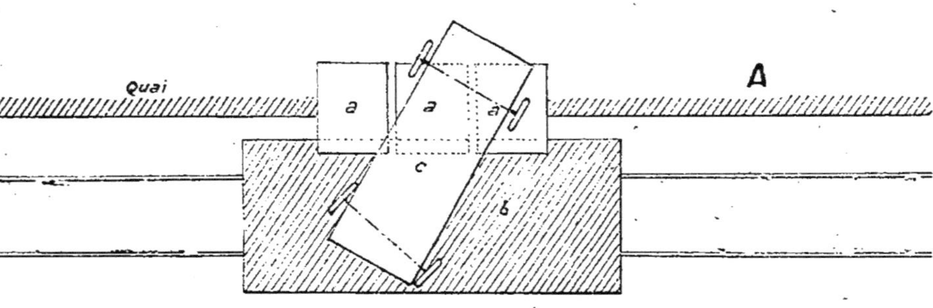

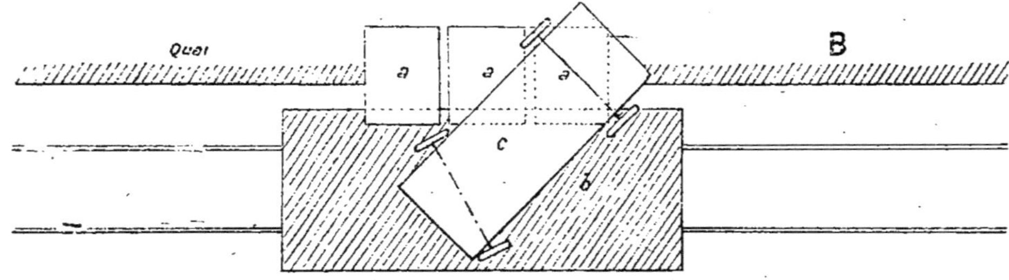

a, a, a ponts volants,

b, b truc.

c, c voiture.

Chargement sur vagon de 10 rampes en fer.

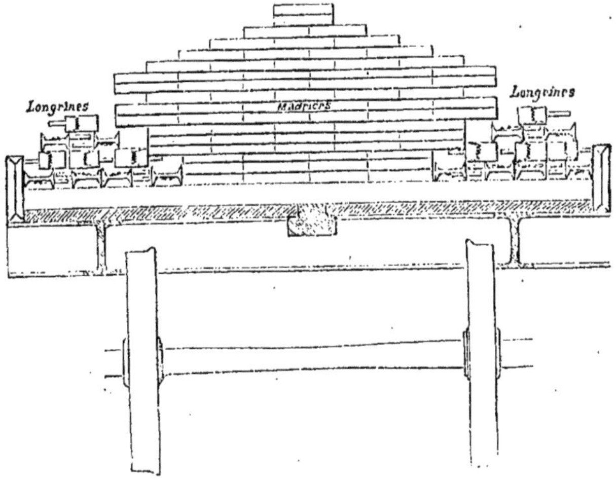

Chargement sur truc de 5 rampes en acier modèle 1888.

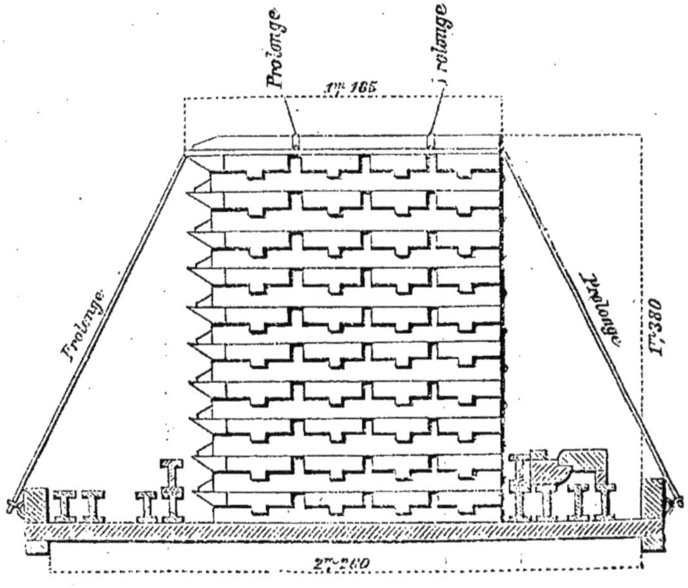

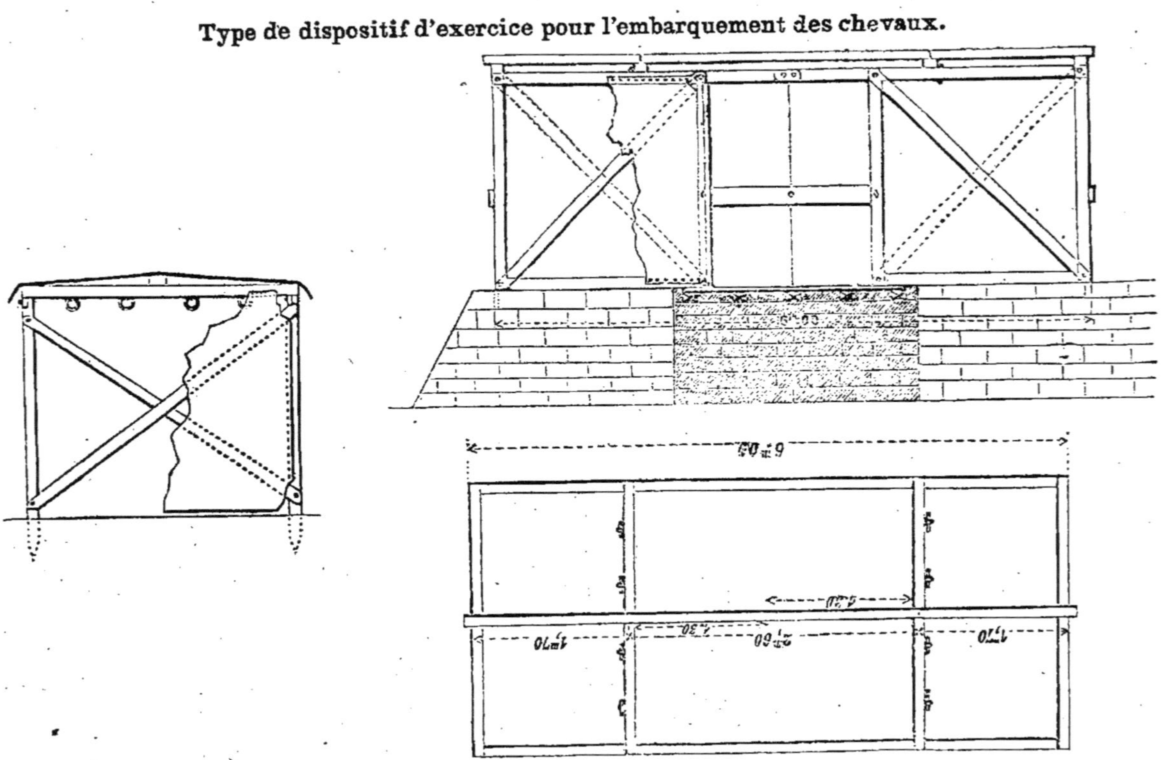

Type de dispositif d'exercice pour l'embarquement des chevaux.

TABLE CHRONOLOGIQUE

TABLE ALPHABÉTIQUE

A

B

C

Paris et Limoges. — Imprimerie militaire Henri Charles-Lavauzelle.

www.ingramcontent.com/pod-product-compliance
Ingram Content Group UK Ltd.
Pitfield, Milton Keynes, MK11 3LW, UK
UKHW021907070726
13613UKWH00001B/392